FUNDAMENTOS BÍBLICOS
para la
IGLESIA BASADA EN CELULAS

Percepciones del Nuevo Testamento
para la Iglesia del Siglo Veintiuno

JOEL COMISKEY

CCS Publishing
www.joelcomiskeygroup.com

Publicado por CCS Publishing
23890 Brittlebush Circle
Moreno Valley, CA 92557 USA
1-888-511-9995

Diseño por Sarah Comiskey
Editado por Scott Boren
Traducido por Evelyn de Guély

LCCN: 2012900752
ISBN: 978-1-935789-46-8

CCS Publishing es una parte del ministerio de Joel Comiskey Group, un ministerio dedicado a ofrecer recursos y asesoramiento a líderes e iglesias del movimiento celular mundial.
www.joelcomiskeygroup.com

ELOGIOS PARA
Fundamentos Bíblicos para la Iglesia Basada en Células

"Joel Comiskey de manera efectiva echa mano de las habilidades de un cuidadoso intérprete, el corazón de un pastor, y un trasfondo en misiones transculturales para elaborar este muy pensado e informativo tratamiento para el ministerio de los grupos celulares. Una lectura atenta a los Fundamentos Bíblicos para la Iglesia Basada en Células retará—en el sentido más positivo de la palabra—a los modelos de la iglesia tradicional y a los enfoques al ministerio conducidos por el pragmatismo orientado al consumidor. Yo recomiendo vehementemente el libro de Joel a los pastores y a otros quienes anhelen disfrutar el tipo de relaciones que experimentaron los cristianos primitivos, y a quien desee fundamentar su comprensión de comunidad sobre la base teológica de la verdad bíblica."

—**Dr. Joe Hellerman,** de Lenguaje del Nuevo Testamento y de Literatura, Talbot School of Theology (Escuela Teológica Talbot), Pastor de Equipo en Oceanside Christian Fellowship (Confraternización Cristiana Oceanside).

"Justo cuando pareciera que se ha escrito todo lo que se pudiera decir acerca de la iglesia, su naturaleza y su expansión, cuando todas las fórmulas estereotipadas han sido remodeladas ad infinitum, todas las acusaciones dispensadas y los mea culpa coreados, de repente aparece un libro que pudiera ser ignorado sólo en detrimento del Reino. Esta apasionada exhortación por el redescubrimiento de la dinámica de la iglesia primitiva que conquistó al mundo pagano en un par de siglos comienza con una impecable base teológica Trinitaria para la definición de la iglesia. Continúa con una cuidadosa consideración de los factores históricos y culturales que contribuyeron a dar forma a su vida y culto, y culmina con el consejo pertinente para la transposición de las conclusiones del autor a la escena de la iglesia contemporánea. Lectura obligatoria para los pastores y otros líderes de congregaciones estáticas, moribundas y disfuncionales."

—**Gilbert Bilezikian,** profesor emérito de Wheaton College (Universidad de Wheaton), Willow Creek Community Church (Iglesia de la Comunidad Willow Creek).

"El Dr. Comiskey nos hace un gran favor al iluminar con un reflector tanto la forma como la función de la iglesia primitiva de la era del Nuevo Testamento. Este libro retará a cualquier persona seria acerca de la obra de Dios para hacerla más bíblicamente, y por tanto, más eficaz. Los errores del "pragmatismo," "de las preferencias personales," e incluso "del modelo bíblico malinterpretado" seguramente encontrarán en estas páginas un refrescante remedio bíblico para la naturaleza de la iglesia del Nuevo Testamento."

— **Dr. Rad Zdero,** autor de *The Global House Church Movement* (Movimiento de la Iglesia de la Casa Global) y Cartas al Movimiento de la Iglesia en la Casa.

"En la primera parte de este libro, Joel Comiskey lleva al lector a profundizar en la naturaleza de Dios como fundamento de la teología de la Iglesia Primitiva. Luego, él nos da ideas sobre cómo vivir esa sorprendente teología en el gran misterio de la comunidad Trinitaria."

—**Bill Beckham,** author of *The Second Reformation* (La Segunda Reforma).

"Este libro es un estudio bíblico, teológico y práctico de las familias, los hogares e iglesias/casas celulares en el Nuevo Testamento. Aunque el autor no cree "que Dios le dio un patrón preceptivo exacto en el Nuevo Testamento llamado iglesia-celular", él identifica una serie de valores duraderos en estas entidades tales como la hospitalidad, la disciplina, el liderazgo y la mutua rendición de cuentas, que podría fortalecer la iglesia actual y justificar la aplicación de un ministerio basado en células. Este libro es digno de elogio por evitar un enfoque pragmático del "cómo" y un dogmático "diseño de Dios" al centrarse en el "por qué" y desafiar a la iglesia contemporánea a considerar tal modelo."

— **Dr. Arthur G. Patzia,** Catedrático Titular del Nuevo Testamento, Fuller Theological Seminary (Seminario Teológico Fuller) y autor del libro *The Emergence of the Church* (El Surgimiento de la Iglesia).

CONTENIDO

DEDICACIÓN

Para Ralph Neighbour, quien ha encarnado y me ha enseñado, más que nadie a quien yo conozca, la verdad central de este libro: "La teología engendra la metodología."

RECONOCIMIENTOS

Soy el autor de este libro, pero he tenido mucha ayuda en el camino. En el largo proceso de convertir este libro en realidad, éste ha pasado por muchas manos y ojos que han contribuido al producto final. Algunas personas merecen reconocimiento.

Agradecimientos especiales a Brian McLemore, Vice Presidente de Traducciones de World Bible Translation Center (Centro Mundial de Traducción de la Biblia, www.wbtc.org), quien una vez más hizo observaciones a mis esfuerzos y el resultado de esto es un mejor libro.

Anne White, me libró de muchos pesares al revisar los detalles gramaticales del libro (por ejemplo, las notas al pie de la página, el uso de mayúsculas, etc.) así como también al cuestionar la lógica de ciertas declaraciones. Anne ha sido una amiga desde mis días en el Seminario Fuller en 1996, y aprecio mucho su consejo experto.

Jay Stanwood, un ingeniero retirado y un buen amigo mío desde hace alrededor de treinta y cinco años, me ofreció sugerencias claves que hicieron de este libro algo mejor.

Estoy agradecido con Rad Zdero, autor e investigador de las iglesias en las casas, por haberme dado recomendaciones valiosas. Él hizo sugerencias clave que con gusto añadí a este libro.

Bill Joukhadar, un experto en grupos pequeños que vive en Australia, hizo un esfuerzo especial el revisar este libro y ofreció recomendaciones sobre las referencias bíblicas.

Mis buenos amigos y miembros de la Junta JCG (Grupo de Joel Comiskey), Rob Campbell y Steve Cordle, ambos me animaron y desafiaron mi escritura. Realmente aprecio el tiempo que se tomaron para revisar este libro.

Scott Boren, mi editor en jefe, hizo una amplia gama de sugerencias para darle forma a este libro. Le pedí a Scott que volviera a escribir el Capítulo 1 y el Capítulo 9, y este libro es mucho mejor como resultado de su ayuda. Scott y yo hemos trabajado juntos en veintiuno de mis veinticinco libros.

Por último, quiero agradecer a mi maravillosa esposa, Celyce, por ser mi mejor amiga y por darme la libertad y el ánimo para escribir este libro.

INTRODUCCIÓN

La mayoría de los libros sobre grupos pequeños en el mercado son pragmáticos. Estos hablan sobre cómo hacer para que los grupos celulares funcionen, para que tu iglesia crezca, sea más saludable, o ambas cosas. Este libro es diferente. El propósito es responder a la pregunta por qué. *¿Por qué* el ministerio celular? O dicho de otra manera ¿Qué dice la Biblia sobre el involucramiento de los grupos pequeños en la iglesia? Al principio investigué iglesias celulares en busca de respuestas pragmáticas para ayudar a que las iglesias crecieran. Quería descubrir la causa de la multiplicación de los grupos y del crecimiento de la iglesia, así que busqué pistas en ocho diferentes contextos y culturas, descubrí principios, los categoricé, y luego le comuniqué esos hallazgos a la iglesia celular mundial.

Por muchos años escribí libros sobre esos principios, pero lentamente comencé a ver la necesidad de un mejor fundamento para el ministerio de los grupos pequeños. Cada vez más me di cuenta de la necesidad de fundamentar el ministerio celular en la Biblia en lugar del pragmatismo.

Por lo tanto, el objetivo de este libro es descubrir los apuntalamientos bíblicos para el ministerio de los grupos pequeños. Dado que el propósito es descubrir principios bíblicos, no voy a escribir sobre el ministerio de la iglesia celular de hoy en día. Aparte de mi primer capítulo que habla sobre descubrir un fundamento bíblico para la iglesia basada en células, he evitado hablar sobre los modelos modernos, ya sean una iglesia celular, una iglesia en una casa, o el ministerio de los grupos pequeños. Normalmente cuando inicio un libro, presento definiciones claras en la introducción. En este libro, he decidido permitirle a la Biblia que hable por sí misma y que presente su propia definición de cómo funcionaba la iglesia primitiva, y luego permitirle a la evidencia bíblica criticar o promover el ministerio moderno basado en células. Mi meta es penetrar la cosmovisión de la iglesia del primer siglo y permitirle a esa experiencia moldear la forma en que nosotros hacemos funcionar a la iglesia hoy en día.

Haré referencias a los escritos de eruditos bíblicos e historiadores de la iglesia del primer siglo para descubrir cómo era el contexto, la cultura, y el ambiente familiar entonces. Me baso en gran medida en el trabajo de Roger Gehring, *House Church and Mission* (Iglesia en la Casa y Misión) y eruditos como Arthur G. Patzia, Carolyn Osiek, Leo G. Perdue, Gerhard Lohfink, Ritva H. Williams, Rodney Stark, and Stanley J. Estos investigadores, junto con muchos otros, me ayudaron a comprender la cosmovisión.

En la primera sección, voy a cubrir principios bíblicos fundamentales para el ministerio de los grupos pequeños.

Discutiré sobre la hermenéutica[1] bíblica, el carácter de Dios, imágenes familiares, y el enfoque de Cristo en la tierra.

El Capítulo 1 explora cómo la gente suele leer entre líneas en la biblia para justificar su propio punto de vista. El movimiento de la iglesia celular ha hecho lo mismo, y soy tan culpable de esto como cualquier otra persona. El objetivo de este capítulo es retornar a una hermenéutica bíblica que le permita a la Biblia hablar por sí misma.

El tema del Capítulo 2 es cómo el ministerio de los grupos pequeños fluye de Dios mismo. Dios es una Trinidad. Él es uno, pero existe en tres personas. Dentro de la divinidad existe la perfecta unidad. Debido que la naturaleza de Dios es comunitaria, el ministerio de los grupos pequeños debe basarse en el carácter de Dios. Muestro cómo Dios está trabajando en los creyentes para llevar a cabo este cambio relacional.

El Capítulo 3 establece el énfasis familiar en Génesis, y como las familias recorrieron hogares a través del Antiguo Testamento. Dios escogió a Abraham y a su línea genealógica para bendecir a las naciones. Jesús se enfocó en una nueva familia que comprendía sus seguidores. La iglesia primitiva continuó con este énfasis familiar, utilizando los hogares de los creyentes para resaltar esta nueva relación. De hecho, mi estudio señala que la familia es la imagen principal para la iglesia del Nuevo Testamento. Estas imágenes fluyen de manera natural del trasfondo de la iglesia en la casa.

En el Capítulo 4, observaremos cómo Jesús vino a establecer el Reino de Dios. El ministró con sus doce discípulos por tres años, preparándolos para que fueran los líderes de la iglesia primitiva. Jesús escogió el hogar como la base para sus propias operaciones, y luego envió a sus discípulos de dos en dos para penetrar en las casas de los no creyentes.

---

1 *Hermenéutica* es el estudio de principios metodológicos para llegar a una correcta interpretación de las Escrituras

La segunda sección explora profundamente la historia del Nuevo Testamento para discernir cómo Dios usó el hogar para transformar el mundo mediterráneo. Esta sección cubre diferentes aspectos de la iglesia primitiva en la casa, el rol del *oikos*[2] antiguo, el desarrollo del liderazgo, y la relación entre las iglesias en las casas.

El Capítulo 5 examina cómo las Iglesias en las casas fueron clave para la expansión del cristianismo del principio. El ambiente de la iglesia en la casa acentuaba los lazos de la vida en familia y demostraba el amor de Dios a los vecinos y al resto de la familia o familia extensiva. En este capítulo exploraremos el contexto de las iglesias en la casa, el tamaño, y el contenido de las reuniones en las casas.

El tema del Capítulo 6 es cómo la iglesia primitiva evangelizaba de casa-en-casa. Este capítulo estudia en detalle las relaciones antiguas del *oikos*—las redes de la familia extensiva de la cultura de la iglesia primitiva. Dios utilizó estas relaciones de familia extensiva para penetrar el mundo mediterráneo. Apóstoles del principio, como Pablo, plantaron iglesias en las casas, que eventualmente transformaron el Imperio Romano. El genio de este movimiento fue la transformación de relaciones *oikos* a través del ministerio de casa-en-casa.

El Capítulo 7 explica cómo el liderazgo de la iglesia primitiva fluyó naturalmente a partir del ministerio de las casas. Nuevos líderes—a menudo los anfitriones de las Iglesias en las casas— salían de la estructura de la casa y eventualmente usaban el título de anciano, pastor, o supervisor. Dios usó a hombres y a mujeres a través de los dones espirituales dados por Él, para dirigir a la iglesia. Ellos practicaron el sacerdocio de todos los creyentes en el contexto de la iglesia en la casa, y Dios desarrolló el liderazgo a través de ese ambiente.

---

2 *Oikos* es la palabra griega para casa, familia extensiva, o círculo social.

En el Capítulo 8 veremos cómo los escritores del Nuevo Testamento utilizaron ecclesia[3] para referirse tanto a las reuniones de grupos grandes como a las de pequeños. En Jerusalén y en Corinto, las iglesias en las casas se reunían de manera regular para adorar. Aunque las iglesias en las casas en otras partes del mundo mediterráneo estaban conectadas a través del liderazgo apostólico, las reuniones del grupo más grande eran menos frecuentes y más espontáneas.

La tercera sección es el Capítulo 9. Hace un resumen de los capítulos anteriores y luego aplica los principios a la iglesia del siglo 21. No es suficiente reflexionar en los principios bíblicos y en el contexto de la iglesia del Nuevo Testamento. Necesitamos conocer cómo esos principios bíblicos transforman el ministerio, y aplicarlos a la iglesia de hoy. En este capítulo observaremos las maneras en que los pastores y los líderes de célula pueden aplicar los principios bíblicos.

---

3 *Ecclesia* es la palabra Griega para una "reunión de personas." Cristianos del principio adoptaron este término para referirse a sus reuniones cristianas. La palabra ecclesia se traduce "iglesia" en versiones en inglés de la Biblia

Parte 1

ESTABLECIENDO UN FUERTE FUNDAMENTO

Capítulo Uno

FUNDAMENTOS:
¿ARENA O ROCA?

¿Por qué desarrollar el ministerio celular en una iglesia local? ¿Por qué son tan importantes los grupos celulares para lo que Dios está haciendo hoy en día alrededor del mundo? ¿Cuál es el fundamento para el ministerio del grupo pequeño? Estas son preguntas cruciales. A través de los años, miles y miles han probado con los grupos celulares. Tristemente, muchos han comenzado poniendo sus fundamentos en la arena, fallando en cavar lo suficientemente profundo para construir sobre la roca. A mediados de los años 90, por ejemplo, los grupos celulares se convirtieron en una moda popular.

En 1995, Ralph W. Neighbour hijo, regresó a los Estados Unidos desde Singapur. Durante los últimos cinco años se vendieron más de cien mil copias de su libro *Where Do We Go From Here?* (Y de aquí, ¿hacia Dónde Vamos?) Él proporcionó recursos prácticos para ayudarles a las iglesias a implementar dentro de las iglesias un enfoque basado en células. Su estrategia ha tenido gran éxito en estas iglesias que él ayudó a desarrollar en Singapur. El también creó un recurso llamado *El Año de la Transición*, el cual él condujo con cientos de iglesias en Sudáfrica.

Carl George, también provocó mucho interés en el ministerio de los grupos pequeños, con su libro *Prepare Your Church for the Future* (Prepara a tu Iglesia para el Futuro). El estudio de George fue especialmente importante porque él contextualizó el énfasis celular mundial para que encajara en la realidad norteamericana. La mayor parte de la investigación inicial de George provino de estudiar la Iglesia New Hope Community Church (Iglesia Comunitaria Nueva Esperanza) en Portland, Oregon, de Dale Galloway. Pero George fue más allá del estudio de esta iglesia para aplicar los principios de los grupos pequeños a la iglesia norteamericana en general.

Además de Neighbour y de George, algunas iglesias muy grandes e importantes líderes denominacionales abrazaron el enfoque basado en células. La iglesia celular había cambiado repentinamente de ser una idea oscura para ser algo que prominentes seminarios enseñaban y ofrecían en sus cursos.

Sin embargo, en el mundo Occidental, la fascinación de la gente por las iglesias basadas en células disminuyó. Muchos pasaron a temas que les atrajeron más. No obstante, lo que llama mi atención es cuántos líderes importantes al inicio proclamaron que la iglesia celular no era simplemente un programa, sino la manera de trabajar en la iglesia. Curiosamente, muchas de esas iglesias ahora han dejado de lado el ministerio celular. Ya no es su prioridad.

Nosotros podemos aprender de estos ejemplos. Cuando una iglesia no desarrolla un fuerte fundamento sobre el cual edificar grupos celulares, la razón por la cual trabajar en el ministerio celular también se desplazará como la arena movediza.

Es el típico efecto de la "banda elástica" que viene con la implementación de una nueva idea. A menudo las personas se emocionan con el potencial de la vida de la iglesia basada en células. Comienzan haciendo los cambios, y al ir haciéndolos, ellos están estirando una banda elástica con un dedo de su mano derecha alejándose del dedo estable y fijo en la izquierda. No obstante, cuando fallan en establecer sólidos fundamentos para lo que están haciendo, van a experimentar un jalón de la mano izquierda que está fija, la cual representa las maneras tradicionales de trabajar en la iglesia. Esas maneras tradicionales están enterradas profundamente en siglos de uso, así que el jalón es fuerte.

Al mismo tiempo he observado a muchas iglesias implementar exitosamente el ministerio de la iglesia celular. Una de las diferencias claves en estas iglesias fue el establecimiento de fuertes fundamentos para el *porqué* estaban trabajando con células.

Estas profundas convicciones los ayudaron a atravesar tiempos difíciles y los hizo permanecer firmes mientras esperaban que Dios produjera los resultados. En otras palabras, ellos desarrollaron sus pequeños grupos en una roca bíblica sólida, en vez de arena.

FUNDAMENTOS COMUNES QUE TERMINAN SIENDO ARENA

Jesús dijo:

Por tanto, todo el que me oye estas palabras y las pone en práctica es como un hombre prudente que construyó su casa sobre la roca. Cayeron las lluvias, crecieron los ríos, y soplaron los vientos y azotaron aquella casa; con todo, la casa no se derrumbó porque estaba cimentada sobre la roca. Pero todo el que me oye estas palabras y no las pone en práctica es como un hombre insensato que construyó su casa sobre la arena. Cayeron las lluvias, crecieron los ríos, y soplaron los vientos y azotaron aquella casa, y ésta se derrumbó, y grande fue su ruina (Mateo 7:24-27).

Si fundamentas el ministerio celular sobre arenas movedizas, cuando las lluvias vengan, cuando los ríos crezcan y los vientos soplen, tú regresarás a lo que te es familiar. Es de la naturaleza humana regresar a lo conocido para sobrevivir como iglesia. Sin embargo, lo que he observado a lo largo de los años es que estos débiles fundamentos de arena se han convertido en las razones principales para implementar el ministerio celular. Aquí tenemos algunos fundamentos superficiales:

Crecimiento de la Iglesia

Mi doctorado es sobre estudios interculturales; es sin embargo, prácticamente, un doctorado en estudios de crecimiento de la iglesia. Mi mentor académico fue Peter Wagner, el estudiante de Donald McGavran, quien se convirtió en el nombre famoso, sinónimo de la teoría del crecimiento de la iglesia durante las décadas de los ochenta y noventa.

A pesar que al principio abracé el crecimiento de la iglesia, como la razón principal para trabajar en el ministerio de la iglesia celular, desde entonces he llegado a ver el crecimiento de la iglesia como un fundamento sobre la arena.

Cuando empecé a estudiar el ministerio celular, me enamoré de su potencial de crecimiento de la iglesia, pero no prioricé el lado teológico del ministerio celular tanto como el aspecto pragmático.

Mi primer libro *Home Cell Group Explosion* (Explosión del Grupo Celular en el Hogar) se enfocó en la rápida multiplicación y evangelismo de células, luego mi segundo libro, *Reap the Harvest* (Recoger la Cosecha), hizo énfasis en el crecimiento de iglesias celulares fundamentadas en principios comunes. En ese momento yo era misionero en Ecuador, y nuestra iglesia celular estaba experimentando un sorprendente crecimiento. Yo consideraba que ciertos líderes en el movimiento celular no eran lo suficientemente pragmáticos. Yo quería mostrarle al mundo que la iglesia celular tenía que trabajar para obtener relevancia. En junio de 1998, recorrí cinco importante ciudades de los Estados Unidos para *Touch Publications* (Publicaciones Toque) la editorial de mis libros. El tema de mi seminario fue iglesia celular. La mayoría de pastores asistentes estaban luchando. Ellos simplemente no estaban experimentando el rápido crecimiento de la iglesia que yo resaltaba en mis libros. La mayoría de ellos hablaba de su larga, larga transición y de las dificultades del ministerio celular.

Al mostrarles fotos en power point de Iglesias celulares en crecimiento, se impresionaban por los ejemplos de crecimiento en las Iglesias, pero generalmente se desanimaban por su propia falta de crecimiento. Yo pensaba que estaban haciendo algo mal. Yo les enseñaré. Regresé a Ecuador siendo muy crítico de la iglesia norteamericana.

Algunos años más tarde, hice otro viaje a los Estados Unidos y me reuní con un superintendente denominacional que había desarrollado materiales para iglesias en transición. Su estrategia requería de un proceso largo y lento. Yo critiqué su enfoque, pensando que él en realidad no sabía cómo establecer una iglesia que creciera. Él me miró directamente y me dijo, "Joel tu no comprendes cómo funciona el ministerio en Norteamérica. Es duro y completamente diferente a lo que estás acostumbrado."

Resultó que él tenía razón.

Me mudé de Ecuador a Norte América en el 2001. Me uní a la batalla, supervisando a pastores, haciendo seminarios, e incluso planté una iglesia celular junto a otro pastor. Tenía la intención de encontrar las llaves que desencadenaran una explosión en la iglesia celular en los Estados Unidos y en el mundo Occidental. El crecimiento de la iglesia era mucho más lento en Occidente. ¡Yo podía "hacer crecer" más rápidamente una iglesia al *no* hacer énfasis en el ministerio celular! Algunas personas nos dijeron que estaban buscando una iglesia dónde no los conocieran. Un cristiano me dijo, "necesito una iglesia dónde no tenga que hacer mayor cosa." Muy pocas personas estaban interesadas en los compromisos adicionales que conlleva el ministerio celular. Algunas iglesias estaban "creciendo" por medio de no requerir mucho de sus miembros y de permitirles permanecer anónimos.

El crecimiento de la iglesia era lento en Norteamérica porque faltaba avivamiento espiritual. Muchos no tenían el tiempo para unirse a un grupo y no estaban interesados en tener vida de comunidad personal y cercana, no estaban interesados en atravesar por una ruta de entrenamiento, practicar evangelismo relacional, y participar en una multiplicación planificada.

Con el tiempo me convencí de que la iglesia celular era más que todo una estrategia de purificación o de transformación para la iglesia en Norte América. Durante un largo período de tiempo, comencé a ver el ministerio celular como algo mucho más que una técnica para el crecimiento de la iglesia. Me di cuenta que mi antigua teología del crecimiento de la iglesia era deficiente. Vine a comprender que la verdad bíblica es el juez final del crecimiento de la iglesia o de cualquier otra filosofía del ministerio.

Tomé la decisión de fundamentar mi vida y ministerio en las Escrituras, y las piezas del rompecabezas comenzaron a encajar. Me encontré gratamente sorprendido al darme cuenta que tan bien engranaban la estrategia de la iglesia celular con la teología bíblica. Llegué a convencerme de que la razón principal por la que trabajamos con la iglesia celular es debido a convicciones teológicas, y que esas convicciones bíblicas nunca deben ser secundarias, sino más bien, deben ser la razón principal.

La teología le da alas al ministerio celular dado que provee las bases para la implementación en ambas áreas, tanto la receptiva como la no-receptiva. Seguir la estrategia de la iglesia celular no da como resultado un crecimiento instantáneo. Toma tiempo cambiar el pensamiento tradicional, desarrollar a las personas laicas para hacer la obra del ministerio, y comprometerse con el evangelismo relacional. Algunas iglesias pueden hasta perder miembros en las primeras etapas del proceso.

Los principios y prácticas de la iglesia celular deben ser construidos sobre un fundamento bíblico si queremos que las iglesias sean sanas y que generen más y mejores discípulos. No se trata de una estrategia de crecimiento rápido, sino más bien, de una estrategia bíblica. Los grupos celulares proveen el ambiente para formar discípulos. En algunas áreas receptivas alrededor del mundo, la multiplicación ocurre rápidamente porque la gente está viniendo a Cristo, están siendo entrenadas, y están iniciando nuevas células. Sin embargo, en áreas más resistentes alrededor del mundo, el proceso toma mucho más tiempo porque el suelo es más duro. No importa dónde la iglesia es establecida, ésta tiene que depender de la verdad bíblica y no de resultados externos.

Salud de la Iglesia

A principios del año 2000, la salud de la iglesia se tornó en un tema candente. Encuestadores como George Barna, catedráticos como Peter Wagner, y pastores como Elmer Towns, produjeron listas de características que describían a las iglesias saludables. Rick Warren en *The Purpose-Driven Church* (Una Iglesia con Propósito), dice: "El tema clave para las iglesias en el siglo veintiuno será la salud de la iglesia, y no el crecimiento de la iglesia."[4]

La guía más definida sobre la salud de la iglesia es el libro *Natural Church Development* (Desarrollo Natural de la Iglesia).[5] Después de realizar un estudio estadístico extensivo en decenas de miles de iglesias alrededor del mundo, Christian Schwarz y su equipo determinaron que existen ocho características de calidad de iglesias saludables. Estas son:

- Empoderando el liderazgo
- Ministerio orientado a los dones
- Espiritualidad apasionada
- Estructuras funcionales
- Servicios de adoración inspiradores
- Grupos pequeños holísticos
- Evangelismo orientado a la necesidad
- Relaciones de amor

Schwarz fue aún más allá al decir: "Si tuviéramos que identificar algún principio como 'el más importante'— aunque nuestro estudio muestra que es importante la interacción de todos los elementos básicos—entonces, sin duda alguna sería la multiplicación de grupos pequeños."[6]

Muchos leyeron ésto y vieron a los grupos pequeños como la respuesta para tener una iglesia saludable. *Desde la publicación de Natural Church Development* (Desarrollo Natural de la Iglesia) otros estudios han demostrado que las iglesias basadas en

4 Rick Warren, *The Purpose-Driven Church* (Una Iglesia con Propósito): *Growing without Compromising Your Message and Mission* (Creciendo sin comprometer su Misión y Mensaje) (Grand Rapids, MI: Zondervan, 1995), p. 17.
5 Christian Schwarz, *Natural Church Development* (Desarrollo Natural de la Iglesia) (Carol Stream, IL: Church Smart Resources [Recursos Inteligentes de la Iglesia], 1996).
6 Ibid. p. 33.

células son estadísticamente más saludables en todas las ocho categorías que aquellas que no lo son.[7] Estas estadísticas son alentadoras, pero ¿serán lo suficiente para sostener a un ministerio de grupos pequeños a lo largo del tiempo? ¿Acaso proveen los fuertes rieles fundacionales necesarios para seguir adelante en el ministerio de la iglesia celular cuando se presenten los obstáculos, cuando no se dé el crecimiento de la iglesia, y cuando un método nuevo y más fácil se presente? El estudio de Schwarz puede que sea una motivación para iniciar en el ministerio celular, pero ¿podrá el argumento de la salud de la iglesia sostenerlo a lo largo del tiempo?

Revelación Espiritual

Algunos pastores desarrollaron el ministerio de la iglesia celular debido a un encuentro espiritual con Dios. Por ejemplo, Larry Stockstill escribió acerca de su encuentro en el primer capítulo de su libro *The Cell Church* (La iglesia Celular).[8] Él sintió que Dios le decía que dos cosas venían a América: cosecha y hostilidad, y que la manera de prepararse para esta cosecha y esta hostilidad era a través de las células. Esta experiencia lo condujo a descubrir el poder de los grupos celulares como una manera para lidiar con la cosecha y hostilidad que vendrían.

---

7 Un estudio comparando los puntajes de Natural Church Development (Desarrollo Natural de la Iglesia) de iglesias celulares y de iglesias no-celulares mostró que las iglesias celulares en general obtuvieron puntajes más altos en todas las áreas que las iglesias no celulares. Los puntajes combinados de las iglesias celulares promediaron 59 mientras que los puntajes combinados de las Iglesias no-celulares promediaron 45. Se puede obtener más información sobre este estudio en: http://www.joelcomiskey-group.com/articles/churchLeaders/cellChurchStudy.htm

8 Larry Stockstill, *The Cell Church* (La Iglesia Celular) (Ventura, CA: Regal Books [Libros Regal], 1998), p. 13.

El libro de Stockstill me fue de mucha inspiración y me proveyó de muchas valiosas percepciones para la travesía de Bethany World Prayer Center (Centro de Oración Mundial Betania) al irse convirtiendo en iglesia celular. De acuerdo a este libro, pareciera que la palabra directa de Dios para la Iglesia Bethany era la justificación principal para el ministerio de grupo celular.

Muchos pastores han escuchado a Dios hablándoles directamente, y por esta razón inician su travesía con la iglesia celular. Pero, ¿es ésto suficiente para sostenerlos con el pasar del tiempo? ¿Qué sucederá cuando vengan las tormentas? Yo sí creo que Dios nos habla hoy directamente, y necesitamos estar escuchándolo constantemente, para obtener dirección y para renovar nuestra visión. Pero, una vez más, ¿es la iluminación espiritual suficiente para continuar en la travesía de la iglesia celular?

Todos Tienen Grupos Pequeños

Robert Wuthnow y George Gallup, Jr. han sido fundamentales en el estudio del resurgimiento de grupos pequeños a lo largo de los Estados Unidos. Ellos estiman que setenta y cinco millones de adultos en los Estados Unidos participan en algún tipo de grupo pequeño.[9] Estos grupos pequeños incluyen tanto a los grupos de la iglesia (ej. estudios bíblicos, escuela dominical, grupos celulares) como a los grupos que no son de la iglesia (ej. grupos de apoyo, grupos de recuperación). Uno de cada seis de esas setenta y cinco millones de personas son miembros nuevos de grupos pequeños; revelando así que al menos en los Estados

---

9 Robert Wuthnow, *I Come Away Stronger: How Small Groups Are Shaping American Religion* (Salgo más Fuerte: Cómo Los Grupos Pequeños están Moldeando la Religión Americana)(Grand Rapids, MI: Eerdmans, 1994), p. 370

Unidos, el movimiento de los grupos pequeños está vivito y coleando.[10] Lyle Schaller ha notado la explosión de interés sobre el grupo pequeño, en los Estados Unidos. Después de haber hecho un listado de veinte innovaciones en la iglesia americana moderna, Schaller dice: "...quizás lo más importante es la decisión de decenas de millones de adolecentes y de adultos de darle alta prioridad personal a la participación semanal en grupos de oración, y en estudios bíblicos continuos y profundos dirigidos por laicos."[11]

Obviamente muchas personas están participando en los grupos pequeños. Pero, ¿es este un fundamento fuerte? Algunos pastores no están al tanto de los valores que apoyan su filosofía de ministerio y terminan escogiendo la estrategia más popular del momento. "Claro que estoy trabajando con grupos pequeños," dice el pastor. Sin embargo si esta es la motivación, es tan fácil dejarlo como unirse al grupo.

LA TEOLOGÍA ENGENDRA LA METODOLOGÍA

Si deseas permanecer por un largo tiempo, tu metodología de grupo celular debe descansar sobre un fundamento teológico seguro. Nadie entendió ésto mejor que el principal pionero del pensamiento de la iglesia celular, Ralph Neighbour. El tiene toda una sección en su libro *Where Do We Go From Here?* (Y de aquí, ¿hacia Dónde Vamos?) titulada "Theology Breeds Methodology" (La Teología Engendra la Metodología). Él siempre iniciaba sus conferencias celulares con una charla sobre el tema. Él ha observado una resistencia hacia sus convicciones

10 Ibid. p. 371.
11 Lyle E. Schaller, *The New Reformation: Tomorrow Arrived Yesterday* (La Nueva reforma: El Mañana llegó Ayer) (Nashville, TN: Editorial Abingdon, 1995), p. 14.

celulares centrales; pero hasta este día, incluso a sus ochenta años, continúa viajando alrededor del mundo ayudando a establecer iglesias celulares.

Bill Beckham, también cree que una iglesia o pastor nunca deben cambiar una estructura hasta que hayan cambiado los valores. Los valores de los que habla Beckham son los bíblicos. Los valores teológicos deben guiar la metodología. El fundamento bíblico debe guiar todo lo que hacemos y decimos.

CASI BÍBLICO

Creo que la mayoría que lee este libro está de acuerdo conmigo. Usted aún tal vez piense que estoy "gastando tinta," pero, permítame hacerle esta pregunta: ¿Qué tipo de fundamento bíblico es aquel que está fundado sobre la roca? Podrá sorprenderle saber que muchos fundamentos que parecen bíblicos terminan siendo de arena. Permítame identificar algunos de estos:

Idealismo Bíblico

Sin duda el pasaje más utilizado para justificar el enfoque basado en células es Hechos 2:42-46:

> Se mantenían firmes en la enseñanza de los apóstoles, en la comunión, en el partimiento del pan y en la oración. Todos estaban asombrados por los muchos prodigios y señales que realizaban los apóstoles. Todos los creyentes estaban juntos y tenían todo en común: vendían sus propiedades y posesiones, y compartían sus bienes entre sí según la necesidad de cada uno. No dejaban de reunirse

en el templo ni un solo día. De casa en casa partían el pan y compartían la comida con alegría y generosidad.

Este maravilloso texto le ha ayudado a la iglesia a comprender la conexión entre las células y la celebración[12] en la iglesia de Jerusalén. Sin embargo, no es suficiente fundamento bíblico para llevar a la iglesia a través de las tormentas del ministerio. A menudo las Iglesias con nostalgia, esperanzas y sueños sostienen esta idea y proclaman algo como lo siguiente: "Si sólo nos reunimos en grupos pequeños, adoramos en los fines de semana, y oramos fuertemente, la iglesia no será capaz de manejar todos los bautismos." Pero, al cabo de uno o dos años, nada en realidad cambia, la gente se desilusiona, y los líderes pasan a considerar otra idea.

Tenemos que tener cuidado de no erigir modelos completos a partir de unos cuantos pasajes del Nuevo Testamento. Le he guardado aprecio a mi colega, Brian McLemore, un traductor de la Biblia del World Bible Translation Center (Centro Mundial de Traducción de la Biblia), quien gentilmente ha revisado muchos de mis libros antes de imprimirlos. Brian constantemente desafía mi dogmatismo y mi pensamiento preconcebido, específicamente con relación a extraer un exacto modelo de de iglesia celular de las páginas de la Escritura. En realidad, lo mejor que podemos hacer es sacar de la Biblia principios para las iglesias celulares.

Debemos recordar que la frase "iglesia celular" es un término técnico para una aplicación diaria y particular de principios bíblicos, y no la práctica exacta del Nuevo Testamento. La

---

12 Cuando utilizo en este libro la palabra celebración, me estoy refiriendo a la reunión del grupo grande para adorar y escuchar la palabra de Dios. La mayoría de servicios de celebración ocurren los domingos, pero algunas Iglesias tienen su reunión del grupo grande en diferentes días de la semana.

iglesia primitiva jamás utilizó el término ministerio de la iglesia celular. Sin embargo, podemos discernir un patrón descriptivo de grupos grandes y pequeños. Pablo predicó públicamente y de casa en casa. Los discípulos del principio se reunían para escuchar las enseñanzas públicas del apóstol, pero también se reunían en los hogares para confraternizar, tomar la cena del Señor, y para crecer espiritualmente.

Con toda honestidad, yo no creo que Dios haya dado un exacto patrón normativo en el Nuevo Testamento llamada *iglesia celular*. Después de todo, la iglesia primitiva se reunía todos los días en el templo y en las casas. Si quisiéramos hablar de un patrón de celebración de célula de una vez por todas tendríamos que preguntarnos, ¿debería reunirse la iglesia local todos los días? Y pocas personas estarían de acuerdo con ésto. Ya es lo suficientemente difícil reunirse para la celebración de cada domingo.

Tal como lo veremos, en el Nuevo Testamento los cristianos se reunían en iglesias que estaban en las casas y algunas veces esas iglesias en las casas sostenían celebraciones juntas. En otras palabras, había una conexión entre las iglesias en las casas. Hoy en día las iglesias celulares modernas conectan las células con la celebración. Algunas iglesias celulares son muy estructuradas, mientras que otras iglesias celulares son más sencillas y conectan la célula con la celebración con menos frecuencia.

A menudo leemos la Biblia en busca de una ilusoria "píldora mágica," que hará a la iglesia funcionar y crecer como lo hizo en los tiempos primitivos. Pero las reuniones en las casas y en el templo no hacen que todo mejore automáticamente.

Descontextualizando

Otra manera de explorar fundamentos bíblicos es a través de la búsqueda de textos fuera de contexto que estipulen cómo debemos reunirnos.[13] Por supuesto, el Nuevo Testamento contiene muchos textos que hablan sobre iglesias que se reunían en hogares:

- Hechos 12:12: Cuando cayó en cuenta de esto, fue a casa de María, la madre de Juan, apodado Marcos, donde muchas personas estaban reunidas orando.
- Hechos 20:20: Ustedes saben que no he vacilado en predicarles nada que les fuera de provecho, sino que les he enseñado públicamente y en las casas.
- Romanos 16:3-5: Saluden a Priscila y a Aquila, mis compañeros de trabajo en Cristo Jesús... Saluden igualmente a la iglesia que se reúne en la casa de ellos.
- 1 Corintios 16:19: Las iglesias de la provincia de Asia les mandan saludos. Aquila y Priscila los saludan cordialmente en el Señor, como también la iglesia que se reúne en la casa de ellos.
- Colosenses 4:15: Saluden a los hermanos que están en Laodicea, como también a Ninfas y a la iglesia que se reúne en su casa.
- Filemón 2: a la hermana Apia, a Arquipo nuestro compañero de lucha, y a la iglesia que se reúne en tu casa

Todas las cartas del Nuevo Testamento fueron escritas a las iglesias en las casas del primer siglo. Algunas personas insisten que cualquier cosa que no siga este patrón de reunirse en los hogares no es bíblico.

Aunque podamos decir que la iglesia primitiva se reunía en las casas, no somos sabios al tratar de construir un patrón exacto para cada iglesia moderna. A esto es a lo que llamo *descontextualizar* por que no existe un patrón absoluto para las iglesias en las

---

13 Descontextualizar, es la práctica en la que se utiliza la Escritura sola (sin tener en cuenta el contenido original) para apoyar una posición sostenida con anterioridad.

casas. No podemos copiar la receta exacta para la frecuencia de reunión o la cultura exacta de la iglesia primitiva. Roger Gehring dice:

> Se debe tener en cuenta el intervalo de tiempo que separa al Nuevo Testamento de nuestra situación actual, y nuevamente aquí debemos distinguir geográficamente: el antiguo *oikos* como familia extensiva que incluía esclavos, trabajadores y clientes, con su significado fundamental para la sociedad y la economía, el cual ya no existe como tal ahora en día, por lo menos ya no en el mundo occidental. El término que utilizamos hoy para familia ya no es sinónimo con el antiguo término de familia[14]

Dennis McCallum, pastor general de Xenos Christian Fellowship (Confraternidad Cristiana Xenos), dice: La escritura nunca nos manda tener nuestras reuniones en los hogares…"[15] McCallum continua diciendo, "Nosotros podemos reunir algunos argumentos buenos y de sentido común sugiriendo que podría ser una buena idea."[16]

En vez de utilizar textos fuera de su contexto, nosotros debemos realizar el duro trabajo de poner las piezas a que encajen y llenar algunos vacios para definir los principios de la iglesia actual. La manera de reunirse de la iglesia primitiva era parte de su naturaleza, tanto que sus escritos no nos dan mucha información acerca de cómo en realidad funcionaban las iglesias.

---

14 Roger W. Gehring, *House Church and Mission* (Iglesia en la Casa y Misión): *The Importance of Household Structures in Early Christianity* (La Importancia de las Estructuras de Famila en el Cristianismo Primitivo) (Peabody, MA: Hendrickson, 2004), p. 301.
15 Dennis McCallum, *Members of One Another* (Miembros Unos de Otros)(Columbus, OH: New Paradigm [Nuevo Paradigma], 2010), p. 119.
16 Ibid., p. 119.

Buscando el Sagrado Sistema de Numeración de Dios

Hace algunos años el número doce se convirtió en algo importante en los círculos de la iglesia celular. Muchos líderes de iglesias le dieron al número doce una gran importancia teológica, diciendo que había una especial unción alrededor de este número. Si podía desarrollar doce líderes, alcanzaría un lugar de bendición espiritual. De hecho la Misión Carismática Internacional en Bogotá, Colombia, afirmaba encontrar a través de la Biblia un significado especial para el número doce. Si fuera a visitar la Misión Carismática Internacional, vería estandartes colgando del cielo, proclamando el número doce. Todos los líderes de célula están buscando sus doce discípulos. El pastor Castellanos testifica que la visión del gobierno de doce discípulos le fue dada por El Señor como una revelación directa.[17]

El número *doce* no es el único número que tiene mucho peso en la Biblia. Hubo *tres* discípulos que tuvieron una intimidad especial con Jesús, la resurrección de Jesús tuvo lugar en el *tercer* día, y hubo *tres* cruces en el Calvario. Dios creó los cielos y la tierra en *siete* días y el año sabático ocurría cada *siete* años. El día de la expiación ocurría en el séptimo mes. El *siete* significaba cumplimiento y perfección. El número *diez* lo que se ha completado, como es ilustrado en los *Diez Mandamientos*. El *cuarenta* está asociado con los poderosos hechos de Dios en la historia de Israel y la Iglesia.

Aunque se le conceda cierta importancia a algunos números en la Biblia, el Nuevo Testamento no provee evidencia alguna

---

17 César Castellanos predicó que las doce piedras que Elías utilizó para construir el sacrificio a Jehová fue la clave para que Dios le contestara su oración (Claudia & César Castellanos, audio cassette, Como influir en otros, enero 2002, conferencia en Bogotá). Castellanos dice, "El modelo de los doce restaura el altar de Dios que está en ruinas"

que los apóstoles u otros líderes de la iglesia le dieran importancia a un número específico de discípulos escogidos dentro de una iglesia. En Hechos, el libro histórico del Nuevo Testamento, no encontrará a los apóstoles buscando diligentemente a doce discípulos que siguieran el patrón de los doce discípulos de Jesús. Para aplicar una importancia teológica a un determinado número de discípulos en la iglesia hoy, habría necesidad de encontrar muchos más ejemplos de esta práctica en la Biblia. Yo no encuentro una razón para idealizar el número doce en el libro de los Hechos o en las Epístolas. Además, esta idea se encuentra ausente de la historia de la iglesia durante dos mil años de reflexión teológica.

Grupos Pequeños como una Opción Secundaria

A través de los años, la mayor parte de las tradiciones de la iglesia han llegado a la conclusión que dado que el Nuevo Testamento no nos da instrucciones específicas acerca de cómo debe funcionar la iglesia, a nosotros se nos deja descifrar cuáles son las mejores opciones respecto a lo que funciona o a lo que no funciona en culturas específicas.

Como resultado, la mayoría ha encontrado más fácil enfocar sus energías en hacer que la gente asista al servicio de adoración semanal del grupo grande. Cuando el escritor de Hebreos declara, "No dejemos de congregarnos" (Hebreos 10:25), los predicadores hablan de la importancia de asistir a los servicios del día domingo.

Sin embargo cuando el escritor a los Hebreos escribió esas palabras, él no se estaba imaginando lo que muchos entienden por iglesia en el sentido de los tiempos modernos.

Muchos ahora, tienen la visión de un servicio de adoración, con una serie de alabanzas escogidas, un sermón, y algún tipo de invitación a responder. Otros leen de un libro de oraciones que tienen en común y sirven la comunión en el altar. El escritor a los Hebreos, sin embargo, estaba pensando en algo mucho más orgánico, relacional, e informal—el entorno de una iglesia en una casa. Los grupos pequeños no son algo nuevo en la iglesia. Los grupos pequeños no son sólo para la iglesia celular o para la estructura de la iglesia basada en células. La historia de la iglesia revela que los grupos pequeños han sido cruciales para la vida de la iglesia por largo tiempo. No obstante, los grupos pequeños han sido una opción secundaria, y no la base de la vida de la iglesia. La mayoría de líderes elevan al grupo grande como primario, y al grupo pequeño como opcional. Los escritores del Nuevo Testamento estaban pensando en la iglesia de una manera muy diferente a como nosotros lo hacemos hoy.

UN FUNDAMENTO SEGURO

Entonces, ¿cómo podemos abrazar un fundamento que funcione muy bien bajo la lluvia y el viento? Permítame decir por adelantado que ésto requerirá un poco de pensamiento y reflexión. Tenemos que entender el contexto en que se escribió la Biblia. Debemos resistir la tentación de tener nuestras preguntas pragmáticas contestadas. Esto nos obligará a reducir la velocidad y a escuchar.

Mientras hacía trabajo de investigación para escribir este libro, muchas de mis ideas preconcebidas desaparecieron, y comencé a observar patrones y principios que se relacionaban en el Antiguo y en el Nuevo Testamento. Las historias bíblicas comenzaron a moldear y a darle forma a mi pensamiento. Esto produjo en mí que ahondara cada vez más y más en la cosmovisión de la iglesia del Nuevo Testamento para luego aplicarla a la iglesia actual.

El proceso fue similar cuando fui por primera vez a Ecuador como misionero. Mi esposa y yo habíamos escrito ensayos sobre la cultura latinoamericana. Luego vivimos por un año con una familia costarricense en San José, Costa Rica. Todo este tiempo estuvimos probando y ajustando nuestra base teórica que teníamos del estudio anterior. Cuando arribamos a Ecuador, hicimos más ajustes, más correcciones en el camino, y eventualmente comenzamos a comprender los valores fundamentales de los ecuatorianos. Después de un tiempo la forma de vida ecuatoriana se convirtió para nosotros en algo muy natural.

Así es como desarrollaremos un fundamento seguro. En los siguientes capítulos, estudiaremos la naturaleza de Dios y luego descubriremos cómo la naturaleza de Dios inunda su creación y finalmente el carácter y función de la iglesia.

Capítulo Dos

LA NATURALEZA TRINITARIA DE DIOS

¿Quién es Dios? ¿Cómo es Él? En culturas occidentales, individualistas, existe una tendencia de definir a Dios como un llanero solitario emprendedor, alguien que es justo como nosotros mismos. En las culturas orientales, a Dios se le ve teniendo diversas formas con una multitud de nombres y formas.

La única manera de conocer a Dios es averiguando lo que Él ha revelado. La Teología, de hecho, es el estudio sobre Dios. La palabra teología se deriva de la palabra *theos* (Dios) y *logia* (lógica, discurso, palabra). Teología de acuerdo a su raíz es la discusión acerca de Dios. Mientras que podemos ver el poder de Dios y su grandeza en la naturaleza, sólo la Biblia de manera explícita revela su carácter y su ser divino.

41

El apóstol Pablo, escribiendo en el contexto de la cultura idólatra en Corinto, dice:

> Pues aunque haya los así llamados dioses, ya sea en el cielo o en la tierra (y por cierto que hay muchos "dioses" y muchos "señores"), para nosotros no hay más que un solo Dios, el Padre, de quien todo procede y para el cual vivimos; y no hay más que un solo Señor, es decir, Jesucristo, por quien todo existe y por medio del cual vivimos (1 Corintios 8:5-6).

Bajo la inspiración divina, y los otros escritores de la Biblia escribieron la verdad sobre la naturaleza de Dios. Sin embargo, a esos líderes que los siguieron, se les dejó la tarea de categorizar la enseñanza bíblica acerca de Dios en un todo unificado. Los padres primitivos de la iglesia a menudo fueron obligados a hacer "teología" debido a la existencia de muchos falsos cultos que definían a Dios de acuerdo a sus propias ideas preconcebidas. Los padres de la iglesia luchaban con la evidencia bíblica acerca de Dios y su carácter, y la enseñanza de la naturaleza trina de Dios eventualmente emergió. Stanley Grenz describe el proceso:

> El proceso que eventualmente tejió la enseñanza de la iglesia acerca de Dios como trino, se generó a través de un rompecabezas teológico que yacía en las mismas bases de la comunidad cristiana. Los primeros teólogos se encontraron luchando con una pregunta de tres-partes: ¿Cómo podría la confesión del señorío de Jesús y la experiencia de la morada del Espíritu Santo ser comprendida dentro del contexto del compromiso no negociable para

con aquel Dios que los cristianos primitivos retenían de su conexión con Israel?[18]

La naturaleza trinitaria de Dios describe a un Dios que posee dentro de su propio ser interdependencia. En vez de promover a un Dios individualista, a un llanero solitario, la doctrina de la Trinidad hace énfasis en la vida, el amor, y en el moverse dentro de la Deidad. Thomas F. Torrance escribe:

Mientras que El Señor Jesucristo se constituye en el centro de nuestro conocimiento de Dios, la distintiva auto revelación de Dios como Santa Trinidad, Un Solo Ser, Tres Personas, crea el marco general dentro del cual toda teología cristiana debe ser formulada. Es entonces comprensible, que la doctrina de la Santa Trinidad reciba el nombre de: corazón de la fe cristiana, el dogma central de la teología clásica, y la gramática fundamental de nuestro conocimiento de Dios.[19]

Tal como lo señala Torrance, la doctrina de la Trinidad es fundamental para el cristianismo. No sólo define a quién adoramos y servimos, esta doctrina también dirige a la iglesia a la práctica del amor, el cuidado, y la unidad.

¿QUIÉN ES LA TRINIDAD?

Vemos muchas expresiones acerca de la Trinidad en las Escrituras. En Génesis 1:26, por ejemplo, Dios dice: "Hagamos

18 Stanley J. Grenz, *The Named God and the Question of Being* (El Nombre de Dios y la Pregunta del Ser) (Louisville, KY: Westminster, 2005), p. 293.
19 Thomas F. Torrance, *The Christian Doctrine of God, One Being Three Persons* (La Doctrina Cristiana de Dios, Un Ser Tres Personas)(Edinburgh, Scotland: T&T Clark, 1996), p. 2.

al ser humano a nuestra imagen y semejanza". Dios se designa a sí mismo en plural. Aunque, Dios acá no está describiendo su imagen exacta, Él está conectando su imagen con la de los seres humanos. En otras palabras, Dios está diciendo que Él creó a la humanidad para reflejar su propia esencia relacional. Stanley Grenz escribe:

> Génesis 1:26 abre el camino para ver la auto-referencia como una indicación de una pluralidad dentro de la unidad divina. Esto, a su vez, plantea la posibilidad de que la creación en la imago dei dota de importancia a la diferenciación de la sexualidad humana como reflejando algo acerca del creador... Si el "Hagamos" de Génesis 1:26 señala la presencia de una pluralidad dentro de un único Dios, entonces algún tipo de relacionalidad caracteriza al Creador. Ciertamente, esta conclusión exegética encuentra una confirmación hermenéutica en la posterior narración histórica de salvación, culminando en la doctrina de la iglesia sobre la Trinidad.[20]

Génesis 3:22 dice algo similar, "El ser humano ha llegado a ser como uno de nosotros, pues tiene conocimiento del bien y del mal." Luego en Génesis 11:7 leemos, "Será mejor que bajemos a confundir su idioma, para que ya no se entiendan entre ellos mismos." Isaías 6:8 dice: "¿A quién enviaré? ¿Quién irá por nosotros?

Aunque los pasajes que dicen "Hagamos" no se mencionan explícitamente en el Nuevo Testamento, en el segundo siglo, los primeros padres de la iglesia ya había conectado los pasajes "Hagamos" con la Trinidad. Por ejemplo, Irenaeus, al comentar sobre Génesis 1:26, escribió: "Ahora el hombre es una

---

20 Stanley J. Grenz, *The Social God and the Relational Self* (El Dios Social y el Ser Relacional) (Londres: Editorial Westminster John Knox , 2001), p. 294.

organización mezclada de carne y alma, que fue creado a la imagen de Dios [el Padre], y moldeado por sus manos, es decir por el Hijo y por el Espíritu Santo, a quienes también le dijo: "Hagamos al hombre."[21] Los escritores del Nuevo Testamento explican la Trinidad con mayor claridad y nos ayudan a comprender cómo el Dios de Deuteronomio 6:4 ("Escucha, Israel: El SEÑOR nuestro Dios es el único SEÑOR") existe en tres personas. Torrance nos recuerda que sólo podemos entender al Dios del Antiguo Testamento a través de la revelación de la Trinidad del Nuevo Testamento.

La Trinidad no es solo una forma de pensar acerca de Dios, pues el único Dios verdadero es en realidad intrínsecamente trino, y verdaderamente no puede ser concebido de otra manera. De hecho, no existe un verdadero conocimiento de Dios como Dios excepto a través de la revelación de sí mismo o de llamarse a sí mismo Padre, Hijo, y Espíritu Santo, ya que las tres Personas son un solo Dios verdadero— fuera de ellos Dios no puede ser conocido en la verdad y realidad de su Ser.[22]

Juan 1:1 dice,"En el principio ya existía el Verbo, y el Verbo estaba con Dios, y el Verbo era Dios." Después Juan 1:14 dice

---

21 Irenaeus, *Against Heresies* (En Contra de las Herejías), Alexander Roberts y James Donaldson, *Vol. 1, The Ante Nicene Fathers* (Los Padres Ante- Niceanos) (Grand Rapids, MI: Eerdmans, 1953), prólogo, sec. 4 como fue citado en Peter Toon, *Our Triune God* (Nuestro Dios Trino) (Wheaton, IL: Libros Victor), p. 100.

22 La Trinidad no es solo una forma de pensar acerca de Dios, pues el único Dios verdadero es en realidad intrínsecamente trino, y verdaderamente no puede ser concebido de otra manera. De hecho, no existe un verdadero conocimiento de Dios como Dios excepto a través de la revelación de sí mismo o de llamarse a sí mismo Padre, Hijo, y Espíritu Santo, ya que las tres Personas son un solo Dios verdadero—fuera de ellos Dios no puede ser conocido en la verdad y realidad de su Ser.

que el Verbo se hizo carne y vivió entre nosotros. Los escritores del Nuevo Testamento nos dan muchas otras expresiones Trinitarias, tales como la de Mateo 3:16-17, "En ese momento se abrió el cielo, y él vio al Espíritu de Dios bajar como una paloma y posarse sobre él. Y una voz del cielo decía: Éste es mi Hijo amado; estoy muy complacido con él." La aparición de las tres personas también se ve claramente en la famosa formula bautismal en Mateo 28:19 cuando Jesús le dice a los discípulos que bauticen a los futuros discípulos en el nombre del Padre, del Hijo y del Espíritu Santo.

También se habla sobre la Trinidad en 2 Corintios 13:14, "Que la gracia del Señor Jesucristo, el amor de Dios y la comunión del Espíritu Santo sean con todos ustedes."

A partir de estas Escrituras, y de muchas otras más que se le parecen, se hace evidente que:

1. El Padre es Dios: "para nosotros no hay más que un solo Dios, el Padre, de quien todo procede y para el cual vivimos" (1 Corintios 8:6).

2. Jesús es Dios: "Pero con respecto al hijo dice, 'Tu trono, oh Dios, permanece por los siglos de los siglos,'" (Hebreos 1:8).

3. El Espíritu Santo es Dios: Pedro dice: "Ananías, ¿cómo es posible que Satanás haya llenado tu corazón para que le mintieras al Espíritu Santo... ¡No has mentido a los hombres sino a Dios!" (Hechos 5:3-4).

El punto de vista predominante en el Antiguo Testamento es que sólo existe un Dios. Tres verdades emergen bajo el escrutinio de los primeros padres de la iglesia:

1.   Sólo existe un Dios
2.   Dios es tres personas
3.   Cada una de estas personas es completamente Dios.

Aunque la palabra *Trinidad* no se encuentra en la Biblia, las Escrituras nos enseñan sobre la existencia de un sólo Dios que existe en tres personas: El Padre, el Hijo, y el Espíritu Santo. La iglesia primitiva llegó a la conclusión en el famoso Credo de Atanasio (a finales del siglo quinto, DC) que:

Porque hay una Persona del Padre; otra del Hijo; y otra del Espíritu Santo. Pero la Deidad del Padre, del Hijo, y del Espíritu Santo, es toda sólo una: la Gloria es igual, la majestad co-eterna. Tal como es el Padre; tal es el hijo; y tal es el Espíritu Santo.

La verdad es que no podemos explicar por completo la Trinidad. Dios es infinitamente más grande que nosotros, y no lo podemos comprender a plenitud. Debido a nuestras limitaciones, se han utilizado ilustraciones de la Trinidad. Algunas son mejores que otras. Una ilustración utilizada ampliamente es la del triángulo. Un triángulo tiene tres esquinas, que son inseparables, e idénticas unas de otras. En este sentido esta es una buena ilustración acerca de la Trinidad. Por supuesto que el triángulo es finito y Dios es infinito.

Agustín, el erudito de la iglesia primitiva, ilustraba la Trinidad a partir de 1 Juan 4:16, el cual nos dice que Dios es amor. Agustín razonaba diciendo que el amor involucra al que ama, al que es amado, y al espíritu de amor entre el que ama y el amado. El Padre debe ser el que ama; el Hijo el amado, y el Espíritu Santo es el espíritu del amor. Sin embargo, el amor no existe hasta que los tres se unen en uno solo. Esta ilustración tiene la ventaja de ser personal, dado que involucra el tema del amor, una característica que sólo emana de las personas.

EL DIOS DE LA COMUNIDAD

La Trinidad mora en perfecta unidad y comunidad. Dios no es un individualista solitario, y esta verdad debería mover a las personas a huir del arrugado individualismo ("¿Cómo puedo hacer lo mío?") hacia una vida orientada a la comunidad ("¿Cómo puedo servir al cuerpo de Cristo?"). Tim Keller escribe:

> El argumento Agustiniano dice que si Dios fuera uni-personal, entonces no hubiera habido amor hasta que Él creara a alguien. De allí que el amor en realidad no fuera intrínseco a Dios. Pero, si tienes a un Dios que es tri-personal y por lo tanto en una amorosa comunidad de relaciones desde el principio, entonces el amor está como fundamento de todo, y es la razón por la cual consideramos que el amor es tan importante y por qué las relaciones son más vitales que cualquier otra cosa. Decir ahora, que Dios es amoroso, es una cosa. Pero decir que Dios es amor en su misma esencia, esa es otra cosa.[23]

Tal como lo señala Keller, el amor debe estar como fundamento de todo lo que hacemos porque la misma comunidad amorosa existe dentro de la Trinidad. Las relaciones deben ser vitales pues estas son esenciales para Dios.

Es dudoso pensar que se puede conocer la comunidad y las relaciones amorosas fuera de la Trinidad. En otras palabras, la Trinidad es la base para amarnos unos a otros. Somos seres relacionales porque estamos hechos a imagen de un Dios relacional. Las personas no fueron creadas para vivir en soledad o para que persiguieran el arrugado individualismo. En el principio dijo Dios que no era bueno que el hombre estuviera

---

solo. Él trajo a Adán los animales, pero posteriormente creó a Eva, para que el hombre también pudiera vivir en comunidad, así como Dios vive en comunidad.

Jesús a menudo habló sobre la unidad y el amor, y el Nuevo Testamento menciona unas cincuenta veces la expresión "unos a otros."[24] La razón de este énfasis es porque Dios es una Trinidad y desea que dentro de la iglesia haya amor y unidad. La misma naturaleza de la Trinidad mueve a la iglesia a priorizar la comunidad. O, al menos, debería hacerlo. Jesús muy a menudo señalaba la unidad dentro de la Trinidad como modelo a seguir por sus discípulos. Hay que notar cómo Jesús describe su relación al Padre, "para que todos sean uno. Padre, así como tú estás en mí y yo en ti, permite que ellos también estén en nosotros, para que el mundo crea que tú me has enviado. Yo les he dado la gloria que me diste, para que sean uno, así como nosotros somos uno" (Juan 17: 21-22).

La unidad del Padre, del Hijo, y del Espíritu Santo salta a la vista en las páginas de las Escrituras. El Nuevo Testamento al leerse es como una viva carta de amor entre el Dios trino y su pueblo. El Padre ama y se deleita en su hijo (Mateo 3:17). Jesús recibe el amor del Padre y lo honra por amor y obediencia (Juan 12:26). Jesús dice, "Cuando un hombre cree en mí, él no solamente cree en mí, sino en el que me envió. Cuando él me ve, él ve al que me envió" (Juan 12:44-45).

El Espíritu glorifica a ambos tanto al Padre como al Hijo (Juan 16:14). El Espíritu trae a la memoria las palabras de Cristo (Juan 16:12-15). Cada persona de la Trinidad ama, honra y glorifica a la otra, y recibe amor y honra de parte de las otras. Jürgen

---

24 Vea una lista parcial de la expresión "unos a otros" referencias en Juan 13:34, 15:12; Romanos 12:10, 12:15, 12:16, 13:8, 14:19; 1 Corintios 12:25; Gálatas 6:2; Efecios 4:2, 4:25, 4:32, 5:21; Filipences 2:3; Col. 3:13; 1 Tesalonicenses 3:12, 4:9, 5:11, 5:15; 2 Tesalonicenses 1:3; 1 Pedro 3:8; Santiago 5:16.

Moltmann, un teólogo que ha escrito sobre la Trinidad en muchos y diversos volúmenes, dice:

Las tres divinas personas no están simplemente allí para sí. Están allí unas para las otras. Son personas gozando de relaciones sociales. El Padre puede ser llamado Padre sólo en relación al Hijo; El Hijo puede ser llamado Hijo sólo en relación al Padre. El Espíritu es el aliento de aquel que habla.[25]

Cristo reunió a doce discípulos y anduvo con ellos durante tres años para demostrarles y enseñarles acerca del amor y la comunidad. Su entrenamiento consistió principalmente en aprender a amarse unos a otros. Jesús tuvo un gran reto al querer unir a tal diverso grupo. Unió a discípulos que eran temperamentales y que se ofendían fácilmente. Muy a menudo se veían a sí mismos como en competencia. No les era fácil lavarse los pies entre ellos (Juan 13:14). Pero Jesús les dijo que las personas que se encontraban fuera de esta comunidad los reconocerían como Sus discípulos por el amor que se tenían los unos por los otros.

La iglesia es el lugar donde el ser y la naturaleza de Dios deben ser demostrados a través de relaciones de amor (Colosenses 1:18-19; Efesios 1:22-23). Mientras la iglesia vaya comprendiendo y creciendo en amor hacia el Dios trino, de la misma manera deberá reflejar esa misma unidad en la familia de Dios.

Jürgen Moltmann, hace énfasis en que la ausencia de la perspectiva Trinitaria de Dios ha dado como resultado un "individualismo posesivo" en la sociedad, el cual se desarrolló

25 E. Moltmann-Wendel and J. Moltmann, Humanity in God (Humanidad en Dios) (New York:Peregrino, 1983), p. 97, tal como lo citó Julie Gorman en, Community That Is Christian (Comunidad que es Cristiana) (Wheaton, IL, Libros Victor, 1993), pp. 25-26.

en medio de la desaparición de la doctrina de la Trinidad en el mundo Occidental.[26] Gilbert Bilezikian habla similarmente, y dice:

La naturaleza de la Deidad como una pluralidad de personas interdependientes nos proporcionó el modelo para las relaciones que deben existir entre los seres humanos. No es bueno que el hombre esté sólo porque él es creación a imagen de Dios que ha sido llamado a estar unido con la unidad y con otra persona como él. Muy pronto después de la creación de la unidad humana, esta dimensión interrelacional de la imagen de Dios se convirtió en la primera víctima de la caída, con la destrucción de la comunidad.[27]

Es tan fácil para la gente justificar su aislamiento y egoísmo, diciendo: "Así es como soy." Sin embargo, la Biblia, no nuestra cultura, debe dirigir nuestros pensamientos y acciones. La Palabra de Dios gobierna nuestras vidas y nos dirige a lo que es correcto y verdadero. Así como Dios es un ser que vive en una comunidad mutuamente interdependiente, así mismo nosotros los humanos somos creados para tener comunidad. Como lo indica Richard Meyers, "Nos ha sido dado un gen 'comunitario' de parte de

---

26 Jürgen Moltmann, *The Trinity and the Kingdom* (La Trinidad y el Reino) (Trinitat und Reich Gottes). Margaret Kohl, trans. New York: Harper and Row Publishers, 1981), pp. 196-200 como fue citado en Hae Gyue Kim, *Biblical Foundations for the Cell-Based Churches Applied to the Urban Context of Seoul, Korea* (Fundamentos Bíblicos para la Iglesia Basada en Células Aplicado al Contexto Urbano de Seul, Corea)(Pasadena, CA: Fuller Theological Seminary,[Seminario Teológico Fuller] 2003), p.30.
27 Gilbert Bilezikian, *Community 101* (Comunidad 101) (Grand Rapids, MI: Zondervan, 2009), ubicaciones Kindle 896-900.

nuestro Creador.[28] Hemos sido diseñados y sellados para sostener relaciones entre sí. El individualismo puede ser la norma en el mundo Occidental, pero Dios ama la comunidad y la unidad. Uno de los valores claves de la iglesia celular es que la gente viva en comunidad en vez de esconderse en el anonimato. La intimidad que se da en un grupo celular anima a las personas a conocer a otros y a ser conocidos.

LA TRINIDAD TRABAJANDO EN NOSOTROS

Trasladarnos de una vida de individualismo hacia una de comunidad requiere de una poderosa transformación interna. Las buenas noticias son que Dios está dentro de los creyentes, moldeándolos y dándoles forma para ser más orientados hacia la comunidad, a fin de reflejar la naturaleza de la Trinidad. Al comenzar a trabajar la Trinidad en los creyentes, éstos comienzan a reflejar Su diseño. Este "diseño" es lo que Larry Crabb, famoso psicólogo y autor, señala:

Fuimos diseñados por nuestro Dios Trinitario (Quien Él mismo es un grupo de tres personas en profunda relación una con la otra) para vivir relacionados unos con los otros. Sin lo anterior, nos morimos. Es así de simple. Sin una comunidad donde conozcamos, exploremos, descubramos, y nos toquemos unos a otros, experimentaremos un aislamiento y desesperación que nos conducirá en direcciones equívocas que corromperán nuestros esfuerzos

---

28 Rev. Richard C. Meyers, *One Anothering* (Unos a Otros), vol. 2 (Philadelphia, PA: Editorial Innisfree, 1999), p. 20.

para tener una vida con significado y para amar de la manera correcta.[29]

Dios no sólo "diseñó" a los creyentes para que fueran como Él, sino que luego Él trabaja en ellos para hacerlos conforme a este diseño. En realidad, una relación personal con Dios, no es verdaderamente personal, sino más bien, es comunión con Tres-en-Uno, y este Uno luego transforma a los creyentes para ser como Él. El erudito del Antiguo Testamento John Goldingay, escribe lo siguiente: "Nuestra divinización (el realizar como meta el ser como Dios siendo humanos) consiste en nuestra participación en la existencia de Dios, en tener el mismo tipo de vida personal que Dios tiene."[30] La vida personal de Dios dentro de nosotros es comunitaria.

Mientras trabaja en nosotros la Trinidad, podemos comenzar a cumplir el "unos a otros" de las Escrituras. Jesús mismo dice que un creyente no puede llevar fruto por sí mismo; debe permanecer en la vid para llevar fruto. Al permanecer los creyentes en la Trinidad, Su poder y amor transformador nos moldea y nos da forma para vivir en amor y en unidad.

He escrito extensivamente acerca de devocionales personales y creo vehementemente en ellos. El libro más importante que he escrito, es de hecho, acerca de devocionales personales, y se llama: *An Appointment with the King* (Una cita con el Rey). Sin embargo, cada vez más he llegado a comprender que los devocionales personales, no son en realidad personales, sino más bien, un tiempo de devoción personal en comunión con la Trinidad, los Tres-en-Uno. Los devocionales tratan sobre crecer en una relación de amor con Dios, quien no actúa

29 Citado como en Randy Frazee, *The Connecting Church* (La Iglesia Conectora) (Grand Rapids, MI: Zondervan, 2001), p. 13.
30 John Goldingay, *Key Questions about Christian Faith* (Preguntas Claves sobre la Fe Cristiana)(Grand Rapids, MI: Baker Academic, 2010), p. 50.

independientemente o en una manera individualista y egoísta. Nuestra relación con Él posteriormente desborda en nuestras relaciones con los demás. Mientras busco a Jesús, me parezco más a aquel que descendió para modelar su propia unidad y amor con el Padre y el Espíritu. En un momento de silencio, puedo vislumbrar de qué se trata la unidad y el perfecto amor. Comienzo a ver a los demás a través de sus ojos. Dietrich Bonhoeffer experimentó los horrores de la Alemania Nazi, la encarnación del orgullo centrado en lo humano. No obstante en medio de tal caos, Bonhoeffer escribió el libro *Life Together* (La Vida Juntos), Un tratado sobre la comunidad-centrada en Dios entre creyentes.

Él escribe lo siguiente:

El creyente por lo tanto alaba al Creador, al Redentor, a Dios, al Padre, al Hijo y al Espíritu Santo, por la presencia corporal de un hermano. El prisionero, la persona enferma, el cristiano en exilio, ve por lo tanto en la compañía de otro cristiano una evidencia física de la presencia de gracia de un Dios trino.[31]

Dios nos ayuda a ver su presencia en otros y a amarlos como Él los ama. Empezamos a ver cómo Él moldea y transforma a las personas a Su imagen. La comunidad es, en realidad, la verdadera naturaleza de Dios.

---

31 Dietrich Bonhoeffer, *Life Together* (La Vida Juntos) (New York: Harper & Row, 1954), p. 20.

Capítulo Tres

LA FAMILIA DE DIOS

En la historia de la creación de Génesis 1, Dios miró a toda su creación y declaró que era "muy bueno" (versículo 31). Cada parte de la creación era perfecta porque Dios la hizo. Sin embargo había un ingrediente que hacía falta: la comunidad.

La creación de Dios del primer ser humano, así como el resto de su creación, estuvo perfectamente diseñada. Creado a la imagen de Dios, la creación humana podía pensar, sentir, y actuar, así como Dios. Pero el ser humano no podía hacer una cosa: él no podía interactuar ni disfrutar en comunión con otros, como su Creador trino, porque no había nadie más con quien comunicarse. En Génesis 2:18, Dios dijo: "No es bueno que el hombre esté solo." Aunque Dios hizo a varias criaturas para que interactuaran con Adán, éstas no le proveían la comunidad que él necesitaba. En otras palabras, la creación de los animales no le proporcionaba a Adán la comunidad y la interacción que Adán requería. Así que Dios creó a Eva, quien gozó de comunión con Adán y lo hizo sentir completo. A Adán y a Eva le nacieron hijos y así surgió la familia. A través de la familia, Dios quería mostrar la comunidad que existe dentro de su naturaleza trina. Aunque el pecado ha contaminado los valores familiares y corrompido el curso de la historia, Dios ha persistido en mostrar su amor a las familias que Él creó. Es algo bello, cuando la familia está en buena relación con Dios. Cuando el pecado y el egoísmo reinan, las relaciones de familia se desintegran. Con la entrada del pecado en Génesis 3, vemos los linajes familiares que se caracterizan por el orgullo, el desorden y la destrucción. Sin embargo, la historia del Antiguo Testamento se centra en el amor de Dios por la familia, y cómo se esforzó para llegar hasta su creación.

CASAS DE FAMILIA

Las primeras familias después de Adán y Eva se veían como rivales, en vez de compañeros de trabajo. El egoísmo y la desunión causaron que las primeras familias se alejaran de su Creador, así que Dios decidió comenzar de nuevo. Dios hizo entrar a Noé y a su casa dentro del arca, junto con sus hijos y sus esposas (Génesis 5-6). Dios salvó a estas familias para empezar de nuevo basándose en un nuevo pacto de amor y compromiso.

Cuando Noé y su familia salieron del arca, Noé hizo un pacto con Dios, y Dios hizo un compromiso con Noé. Él le dijo a Noé y a su familia, "Sean fructíferos y multiplíquense; llenen la tierra y sométanla; dominen..." (Génesis 1:28; 9:1). Dios continúo con su plan de reproducción familiar a pesar de los conflictos y las luchas de poderes (ej. La torre de Babel en Génesis 11). Fiel a su promesa, en lugar de destruir su creación errante, en Abraham Dios escogió un nuevo linaje familiar (Génesis 12:1-3). Él mandó a Abraham dejar su parentela para romper con la vieja comunidad corrupta en la que vivía, para así sentar las bases para una nueva. Dios le dio a Abraham la promesa de una bendición personal ("Yo te bendeciré") la cual se traduciría en una bendición nacional. ("Yo haré de ti una gran nación"). Al dejar su vieja y destruida comunidad, e ir a una tierra de promesa, Abraham aceptó el plan de Dios de establecer una nueva comunidad que eventualmente traería, a la iglesia, creyentes de todos los pueblos de la tierra.[32]

A través del linaje del hijo de Abraham, Isaac, Dios continuó bendiciendo y multiplicando familias. Jacob, el hijo de Isaac y heredero de la promesa, estableció su familia la cual se extendió a ser todo un linaje. Mientras Jacob y su familia viajaban de Padám Aram a la tierra prometida, Dios le salió al encuentro a Jacob y le cambió el nombre a Israel. La casa de Israel vivió junta en familias—doce tribus junto con sus familias. De hecho, era muy común que las familias en los tiempos del Antiguo Testamento vivieran juntas en casas más grandes.

Cuando pensamos en familias hoy en día, pensamos en nuestro moderno concepto de familias nucleares. No obstante, en los tiempos del Antiguo Testamento, las familias eran mucho más extensivas. Leo G. Perdue, un erudito en estudios sobre Israel antiguo, escribe:

Las casas de familias no consistían en familias nucleares en el entender moderno de una pareja casada y sus hijos, sino que eran multigeneracionales (hasta cuatro generaciones) e incluía el arreglo social de varias familias, relacionadas por

___
32 Bilezikian, pp. 31-32.

sangre y matrimonio, que vivían en dos o tres casas conectadas arquitecturalmente.[33]

Las generaciones que vivían en estas casas se extenderían por varios lugares de vivienda.[34] En nuestra sociedad moderna, estamos acostumbrados a la vida urbana, pero el contexto del Antiguo Testamento era principalmente rural. La gente vivía en aldeas. Carol Meyers, escribe, "La mayoría de los asentamientos del período israelita antiguo eran sitios pequeños y rurales. Ciertamente, para ese período... el lugar preponderante de la vida familiar era la aldea.[35] "Se ha estimado que una aldea de tamaño normal podría haber sido de cincuenta personas, mientras que una grande tendría unas ciento cincuenta personas.[36]

Aquellos que formaron parte del grupo de parentesco en aquel entonces se centraron en toda la familia, en lugar de sus necesidades individuales. Como un grupo orientado a una cultura colectiva, la supervivencia económica se extendía más allá de la familia individual, a los clanes, tribus y a todos los hijos de Israel. Perdue escribe:

El concepto moderno de individualismo no se conocía en el antiguo Israel ni a principios del Judaísmo, aun así, un conocimiento básico de la responsabilidad individual dentro del todo corporativo más grande comenzó a desarrollarse durante el período del exilio (Ezequiel 19); en general, sin embargo, el fuerte sentido de solidaridad

33 Leo G. Perdue, Joseph Blenkinsopp, John J. Collins, y Carol Meyers, *Families in Ancient Israel* (Las Familias en el Israel Antiguo) (Louisville, KY: Editorial Westminster John Knox, 1997), pp. 174-175.
34 John Goldingay, *Key Questions about Christian Faith* (Preguntas Clave sobre la Fe Cristiana) (Grand Rapids, MI: Baker, 2010), p. 289.
35 Perdue, Blenkinsopp, Collins, y Meyers, p. 12.
36 Ibid., p. 12.

corporativa y comunidad dominó el mundo social y religioso de Israel y del judaísmo en ciernes. La interdependencia social y económica de los miembros de las familias produjo un entendimiento de identidad corporativa y comunidad que moldeó las relaciones y las vidas de las personas. En la casa de familia, la voluntad y necesidades individuales se fusionaban con la voluntad y necesidades colectivas del todo más grande. El comportamiento del individuo afectaba al todo, y esto era especialmente cierto respecto a la cabeza de la casa, quien encarnaba en sí mismo el todo de la casa (Éxodo 20:5-6; Josué 7:16:26). Este bien colectivo trascendía lo bueno de cualquier miembro como individuo.[37]

Los matrimonios eran arreglados por los padres de las dos familias, y no siempre se les consultaba a los hijos y a las hijas (Génesis 21:21; 34: 4-6; 38:6; Josué 15:16; 1 Samuel 18:17-27; 25:44). Se prohibía de manera estricta el matrimonio y el incesto fuera de las fronteras tribales (Levíticos 18, 20; Éxodo 34:11-16; Números 25:1-2; Deuteronomio 7:3-4; Jueces 3:5-6; Nehemías 13:23-27).

La hospitalidad de grupo era altamente valorada y practicada entre las familias del Antiguo Testamento. Los extranjeros esperaban recibir atención y cuidados por largos períodos de tiempo. Christine D. Pohl, escribe:

El legado de hospitalidad del antiguo Testamento es instructivo para nosotros. Primero, la casa dentro de la cual se le daba la bienvenida al extranjero era el centro tanto de la actividad social como de la familiar. Segundo, aún a principios de esta parte de la tradición, el cuidado a los

37 Perdue, Blenkinsopp, Collins, y Meyers, p. 237.

extranjeros iba más allá de la casa. Involucraba la responsabilidad de la comunidad y la provisión, y dependía de las legislaciones y de las respuestas individuales generosas. Nunca se asumía que las familias de manera individual cuidaran de grupos grandes de extranjeros necesitados. Tercero, a los extranjeros se les recibía primero en un lugar más público. Tal plataforma permitía una interacción preliminar que les reducía un poco su "extrañeza" antes de entrar a la casa. También le permitía a la comunidad más grande tener la oportunidad de conocer al extranjero.[38]

La casa, proporcionaba la red de atención no solo para aquellos que estaban relacionados por medio del matrimonio sino también para aquellos que eran marginados y necesitaban de una asistencia especial. La naturaleza comunitaria trina de Dios, era reflejada a través de grupos que alcanzaban a los extranjeros, a los indigentes, y a aquellos que estaban en necesidad. Mientras amaba a todas las personas, Dios continuó enfocándose en su familia escogida, los Israelitas.

EXPANSIÓN FAMILIAR

La familia de Dios creció y prosperó en Egipto bajo la supervisión de José. Sin embargo, su increíble crecimiento amenazaba al nuevo Faraón, así que Dios condujo a su familia fuera de Egipto cumpliendo su rol como padre de Israel. Dios les dice a ellos después: "Ustedes son testigos de lo que hice con Egipto, y de

38 Christine D. Pohl. *Making Room: Recovering Hospitality as a Christian Tradition* (Haciendo Espacio: Recuperando la Hospitalidad como una Tradición Cristiana) (Grand Rapids, MI: Eerdmans, 1999), p. 41.

que los he traído hacia mí como sobre alas de águila" (Éxodo 19:4). De acuerdo a Éxodo 12:37-38, los Israelitas eran unos "seiscientos mil hombres de a pie. Sin contar a los niños y a las mujeres," junto a otros que no eran Israelitas, y el ganado. Números 1:46 da un total más preciso de seiscientos tres mil quinientos cincuenta. Los seiscientos mil, más las esposas, niños, los ancianos, y la "multitud mezclada" que no era Israelita hubiera dado un total de dos millones de personas (un estimado más conservador de 1.5 millones se usa a menudo), número que se compara con Houston o Filadelfia, respectivamente.

Mientras esta gran familia hacia su viaje fuera de Egipto, pronto les pareció que necesitaban reorganizarse. Jetro, el suegro de Moisés, al ver la desesperada situación por la que a travesaba Moisés, lo aconsejó a levantar líderes que se ocuparan de mil, cien y diez personas. Jetro resumió el problema de forma sucinta, "pues te cansas tú y se cansa la gente que te acompaña" (Éxodo 18:18). Moisés trató de ser un líder responsable, pero era algo que era demasiado para que lo hiciera solo. Jetro hizo un recuento de las ventajas de este enfoque de liderazgo a Moisés: "podrás aguantar; el pueblo, por su parte, se irá a casa satisfecho" (Éxodo 18:23).

Suponiendo una estimación más conservadora de 1,5 millones de israelitas, esto significaría que había ciento cincuenta mil unidades familiares (grupos de diez), treinta mil grupos de cincuenta, seis mil grupos de cientos de personas, y de acuerdo a Éxodo 24:9, setenta líderes que habrían estado designados como jefes de miles.

A menudo utilizamos la palabra "nación" para describir a Israel, pero debemos recordar que ellos estaban organizados de acuerdo a las familias, clanes, y tribus. Fue a través de este íntimo tejido de organización familiar y tribal que cualquier persona podía ser elegida para ser inspeccionada. Existen varios ejemplos donde se seleccionó a una persona de acuerdo a su tribu, clan o familia. Cuando Acán desobedeció, leemos:

Al día siguiente, muy de madrugada, Josué mandó llamar, una por una, las tribus de Israel; y la suerte cayó sobre Judá. Todos los clanes de Judá se acercaron, y la suerte cayó sobre el clan de Zera. Del clan de Zera la suerte cayó sobre la familia de Zabdí. Josué, entonces, hizo pasar a cada uno de los varones de la familia de Zabdí, y la suerte cayó sobre Acán hijo de Carmí, nieto de Zabdí y bisnieto de Zera (Josué 7:16-18).

Aún con tal gran número de personas, Dios los organizó de acuerdo a unidades familiares. Posteriormente Dios le brindaba atención a cada unidad a través de una estructura de supervisión organizacional, a la cual muchos en la iglesia celular de hoy llaman el *Modelo de Jetro*. La familia era la base de esta estructura de atención porque este fue el diseño de Dios desde el principio.

EL FRACASO FAMILIAR

Se suponía que los Israelitas debían demostrar a las naciones la naturaleza y la unidad divina de Dios. Tristemente los Israelitas fracasaron en esta tarea, discutiendo entre ellos y alejándose de Aquel que los había llamado.

No obstante, incluso en esas espantosas condiciones, los profetas querían ver a Israel como una familia, como una casa que sería restaurada. En Oseas 1-3, las relaciones en medio de la familia proporcionaban una metáfora para su futuro destino. Los profetas hablaron en contra de familias rebeldes, sabiendo que cuando un hombre es rebelde, sus hijos sufren las consecuencias (Amós 7:17). No obstante, Dios dice que aún si la familia de Israel fuera destruida, también sería reconstruida

(Ezequiel 37:11-14). De hecho, un remanente de Israel surgió para reconstruir y para restaurar la conexión familiar (Nehemías y Esdras).

JESÚS Y LA NUEVA FAMILIA DE DIOS

Jesús vino para iniciar una nueva comunidad, la nueva familia de Dios (Mateo 12:46-50). Aunque la definición de la iglesia necesitaba de mayor explicación, Jesús formó su nueva familia pidiéndoles que rompieran con lo viejo y que hicieran un compromiso total por seguirle. Joseph Hellerman, autor de *When the Church Was a Family* (Cuando la Iglesia era una Familia,) Escribe:

> Él [Jesús] utilizó la palabra "familia" como la metáfora definitoria para describir a sus seguidores... la familia demandaba el compromiso más alto de lealtad indivisible, de solidaridad relacional, y de sacrificio personal que cualquier otra entidad social en el grupo-fuerte del mundo mediterráneo de Jesús. Y las más grandes decisiones de vida se hacían en el contexto de la familia.[39]

Jesús mismo lo dice en Marcos 10:29-31,

> Les aseguro respondió Jesús que todo el que por mi causa y la del evangelio haya dejado casa, hermanos, hermanas, madre, padre, hijos o terrenos, recibirá cien veces más ahora en este tiempo (casas, hermanos, hermanas, madres, hijos y terrenos, aunque con persecuciones); y en la edad

---

39 Joseph Hellerman, *When the Church Was a Family* (Cuando la Iglesia era una Familia) (Nashville, TN: B&H Academic, 2009), p. 31.

venidera, la vida eterna. Pero muchos de los primeros serán últimos, y los últimos, primeros.

Seguir a Jesús significaba dejar todo atrás y empezar de cero. Gerhard Lohfink, escribe: "Aquellos que siguen a Jesús... se permiten ser recogidos por Jesús y llevados a una 'nueva familia' que se encuentra completamente bajo la señal del reino de Dios."[40] Seguir a Jesús era especialmente difícil en la cultura colectiva del Nuevo Testamento pues las personas se veían a sí mismas como parte de un grupo. La identidad de una persona era colectiva, por lo que seguir a Jesús significaba romper con la familia, con los amigos, y con la religión para seguir a Cristo y a sus seguidores.[41]   Ritva Williams escribe:

El movimiento de Jesús nació en un mundo orientado al grupo donde la casa/familia era considerada como la base principal de la vida social... El grupo que se reunía alrededor de Jesús en su tiempo consistía de miembros de familia, muy a menudo eran hermanos y/o sus madres quienes habían dejado las casas de sus padres y esposos. En el movimiento de Jesús todos ellos encontraron una familia sustituta.[42]

Jesús frecuentemente enseñaba en los hogares para comunicarles a sus seguidores cómo debía ser su nueva familia. Él vino a crear un nuevo, pueblo transformado que eran

---

40 Gerhard Lohfink, *Does God Need the Church?* (¿Necesita Dios a la Iglesia?) (Collegeville, MN: The Liturgical Press (Editorial Litúrgica), 1998), p. 132.
41 Hellerman, p. 6.
42 Ritva H. Williams, Stewards, *Prophets, Keepers of the Word* (Mayordomos, Profetas, Guardianes de la Palabra) (Peabody, MA: Publicaciones Hendrickson, 2006), p. 30.

hermanos y hermanas entre sí. A pesar que Jesús utilizó la red de casas de familias que existía en su tiempo, Él la transformó mediante una nueva visión por amor y sacrificio. Él cimentó el nuevo concepto de familia viviendo entre ellos y mostrándoles cómo amar y servirse unos a otros (Juan 13:1-17). La enseñanza de Cristo sobre la verdadera grandeza (utilizando a los niños como ejemplo) se da en el contexto de un ambiente de casa (Marcos 9: 33-36). La nueva familia que Cristo imaginó tendría al servicio como su estilo central de liderazgo, y a la dependencia como la de un niño, como su faro de luz.[43] Luego mandó a sus discípulos de dos en dos para que participaran y se infiltraran en el corazón de la cultura: la familia. Los discípulos entraron a las casas y transformaron a los incrédulos de adentro hacia afuera.

Jesús quería que su nueva familia disfrutara de la unidad que Él había experimentado con el Padre—una unidad que originalmente había sido confiada en la creación, y que ya existía dentro de la Trinidad. Para Jesús, el modelo de la unidad que debía darse entre los humanos era la relación entre el Padre y el Hijo (Juan 17:11, 21, 22). Refiriéndose a su unidad, el Hijo le declara al Padre: "Tú estás en mí y yo estoy en Ti," y podía orar por sus seguidores para que fueran uno en la misma extensión y en la misma intensidad (Juan 17:21). En su última oración Cristo expresa su preocupación por la unidad a todos los creyentes de todos los tiempos a lo largo del futuro de la iglesia (Juan 17:20).[44]

---

43 Carolyn Osiek, Margaret Y. MacDonald, Janet H. Tulloch, *A Women's Place: House Churches in Earliest Christianity* (El lugar de una Mujer: Las Iglesias en las Casas en el Cristianismo más Primitivo) (Minneapolis, MI: Augsburg Fortress, 2006), edición Kindle, p. 83.
44 Bilezikian, p. 36.

LA IGLESIA COMO FAMILIA DE DIOS

La estrategia de Jesús del ministerio de casa en casa y el ambiente de la iglesia primitiva en la casa, se combinaron para crear la atmósfera de donde emergió la doctrina teológica de la familia de Dios. Los primeros discípulos simplemente estaban siguiendo a su maestro al enfatizar sobre la nueva familia de Dios basada en hogares.[45]

Las metáforas "Dios el Padre," "Jesús el Hijo," "hijos de Dios," "hermanos y hermanas en Cristo," junto con otros términos sobre la familia se convirtieron en un medio para comunicar una nueva teología cristiana. Esto también construyó un fundamento de comunidad de iglesia e interacciones entre sus miembros. Pablo utiliza los términos "hermanos," "hermanas," unas ciento dieciocho veces en sus cartas.[46] Robert Banks escribe:

La comparación de la comunidad cristiana con una "familia" debe ser considerada como el uso metafórico más importante. Por ello tiene un lugar de honor en esta discusión. Más que cualquier otra imagen utilizada por Pablo, ésta revela la esencia de este pensamiento acerca de la comunidad.[47]

En Efesios 3: 14-15 Pablo dice: "Por esta razón me arrodillo delante del Padre, de quien recibe nombre toda familia en el cielo y en la tierra." Él les estaba escribiendo a las iglesias en las casas de Éfeso y quería que los creyentes conocieran su herencia

---

45 Robert Banks, *Paul's Idea of Community* (La idea de Pablo sobre la Comunidad) (Peabody, MA: Hendrickson Publications, 1994), p. 56.
46 Williams, p. 34.
47 Banks, p. 49.

como la familia de Dios, llamados y escogidos específicamente por Dios. Goetzmann escribe: ¿Qué se podría transmitir mediante la idea de lo que la familia de Dios tenía? De hecho, la familia de Dios ya existía en la comunidad cristiana primitiva a través de las iglesias en las casas."[48] El escenario de las casas confirmaba que los creyentes eran la familia de Dios. En el mundo Mediterráneo del primer siglo, fuertemente orientado al grupo, la familia era el grupo más importante. El pertenecer a una familia proporcionaba el foco central para la identidad, y al mismo tiempo, si esa familia era considerada honorable, la identidad de la persona era resaltada.[49] Hellerman dice:

El grupo más importante para las personas en el mundo antiguo era la familia. No es accidental que los escritores del Nuevo Testamento escogieran el concepto de familia como la metáfora social más importante para describir el tipo de relaciones interpersonales que habían de caracterizar a esas primeras comunidades cristianas. De hecho, no existe una mejor manera de comprender la pobreza espiritual y relacional del individualismo americano que comparando la forma en que hacemos las cosas con las relaciones de las familias sustitutas del grupo-fuerte del cristianismo primitivo.[50]

48 J. Goetzmann, "House," *The New International Dictionary of the New Testament, vol. 2.* (El Nuevo Diccionario Internacional del Nuevo Testamento) Colin Brown, ed. (Grand Rapids, MI: Zondervan, 1975), p. 250.
49 Philip F. Esler, "*Family Imagery and Christian Identify in Gal. 5:13 to 6:10*" in *Constructing Early Christian Families,* ("Imágenes Familiares y Cristianos se Identifican en Gálatas5:13 al 6:10" en Construyendo Familias Cristianas del Principio) Halvor Moxnes, ed. (London: Routledge, 1997), p. 131.
50 Hellerman, p. 6.

La imagen de la familia tenía mucho significado para esos primeros creyentes, porque así como lo señala Halvor Moxnes "En la cultura Mediterránea tradicional, la familia era la referencia básica del individuo, y el canal a través del cual él o ella era insertado en la vida social. Nacer dentro de cierta familia era un factor decisivo, ya que la familia era la depositaria del 'honor' y de la posición dentro de la sociedad, y la transmisora de recursos económicos."[51] Era en esta plataforma familiar que la persona encontraba su sentido de pertenencia. Así lo escribe Williams, "Sin una familia, sin pariente, uno es nadie."[52]

LA FAMILIA DE DIOS

"La familia de Dios" y la "casa de Dios" son términos, ambos utilizados en el Nuevo Testamento para describir la iglesia de Cristo. Estos dos términos son las imágenes principales de la iglesia del Nuevo Testamento. Ambos reflejan los dos lados de la misma moneda y ambos se extienden desde la iglesia en la casa. Helen Doohan escribe:

En estrecha relación con la imagen del hogar está la descripción de la iglesia como familia. Pablo describe su relación con las iglesias a través de términos que saca de la vida familiar, tales como padre (1 Corintios 4:14-15), madre (Gálatas 4:19), enfermera (1 Corintios 3:2), hablando de manera tierna y entrañable. La familia revela la esencia del pensamiento de Pablo acerca de la comunidad. El uso de los hogares de los cristianos para las reuniones de la

---

51 Halvor Moxnes, ed., *Constructing Early Christian Families* (Construyendo las Primeras Familias Cristianas) (London: Routledge, 1997), p. 62.
52 Williams, p. 38.

comunidad refleja el carácter familiar de la iglesia primitiva. La atmósfera y las actitudes en la comunidad hablan de los valores familiares fundamentales que deben haber, como la confianza, el respeto, amor, paciencia, tolerancia, resistencia, y generosidad, que aseguren el tipo de interacción esencial para ser iglesia.[53]

Aunque casa y familia son términos que están conectados, el término "la familia de Dios" va más allá de la idea de una familia nuclear y ayuda a que exista un enfoque en la familia extensiva.[54] Los autores de *Home Cell Groups and House Churches* (Grupos Celulares en Hogares e Iglesias en las Casas), explican lo siguiente:

Las cartas de Pablo contienen una serie de figuras del lenguaje para describir la naturaleza y función de la iglesia. Una metáfora muy grande es la de una casa, la de una familia. Esta figura transporta una idea que tiene una raíz más profunda en el antiguo Testamento donde se hace referencia al pueblo de muchas maneras, utilizando figuras orientadas a la familia. Cuando le escribe a Timoteo, Pablo hace referencia a la iglesia llamándola "la casa de Dios" (1 Timoteo 3:15). Él utilizó el mismo lenguaje cuando le escribió a los cristianos en Éfeso (Efesios 2:19). En (Gálatas 6:10), Pablo cambió un poco el lenguaje e hizo referencia a la iglesia como "la familia de la fe."[55]

53 Helen Doohan, *Paul's Vision of Church* (La Visión de Pablo de la Iglesia) (Wilmington, DE: Good News Publisher (Publicaciones Buenas Nuevas), 1989), p. 143.
54 Moxnes, p. 29.
55 C. Kirk Hadaway, Francis M. DuBose, Stuart A. Wright, *Home Cell Groups and House Churches* (Grupos Celulares en Hogares e Iglesias en las Casas) (Nashville, TN: Broadman, 1987), p. 57.

La familia en el Nuevo Testamento era el centro del ministerio cristiano. Proporcionaba la adoración, el reclutamiento, apoyo mutuo, y la base para la encarnación social del mensaje del evangelio. Pablo dice en 1 Timoteo 3:15, "si me retraso, sepas cómo hay que portarse en la casa de Dios, que es la iglesia del Dios viviente, columna y fundamento de la verdad." En este versículo, Pablo extiende la imagen de la iglesia de la casa a la iglesia en general. Gehring dice:

Los eruditos acertadamente han declarado a 1 de Timoteo 3:15 como el pasaje eclesiológico central... La comprensión que se tiene de la iglesia aquí va más allá de lo metafórico; la iglesia se caracteriza, en sus concretas estructuras organizacionales, por la percepción de sí misma como una familia, entendiendo "familia" en términos del antiguo "oikos." Según las Cartas, la iglesia es verdaderamente la casa o la familia de Dios. Visto de esta manera, "casa o familia de Dios" viene a ser un modelo de comportamiento responsable así como también de orden en la iglesia y de estructuras de liderazgo, y por lo tanto, la imagen más importante que nos guía a la auto comprensión y organización de la iglesia.[56]

La designación de la iglesia como "la casa de Dios" fue comprendida por todos los miembros de la iglesia de una manera bastante literal. La imagen de la iglesia se moldea junto con la familia de Dios. Entender a la iglesia como la casa de Dios también significaba que Dios mismo era la cabeza de la iglesia.

56 Gehring, p. 261.

En 2 Timoteo 2:20-21, los miembros de la iglesia son descritos como objetos dentro de una gran casa. El líder de la iglesia local (supervisor) es el administrador de la casa (Tito 1:7). Este supervisor debe hacer las funciones del dueño de una casa (1 Timoteo 3:5) en la casa de Dios, en cuanto que administre, dirija, corrija, y cosas por el estilo. Dunn hace un resumen sucinto diciendo, "el modelo de la casa bien administrada proporcionó un precedente para la iglesia bien administrada."[57] Gehring dice:

Era bastante natural que los patrones de la familia se imprimieran sobre la realidad social de la congregación. Las iglesias en las casas mencionadas en las cartas Paulinas, tenían una comprensión de sí mismas como "casa o familia de Dios," y por lo tanto es completamente legítimo decir que aquí hay una eclesiología del *oikos*.[58]

La imagen de casa/familia de manera natural se fue introduciendo en la mentalidad de las iglesias en las casas del Nuevo Testamento. Sólo a aquellos que gobernaban sus casas de una manera ejemplar se les podían confiar cuidar de la iglesia (1 Timoteo 3:5), y debían sentar como ejemplo tener hijos que "le obedezcan con el debido respeto" (1 Timoteo 3:4), específicamente tener hijos "creyentes" (Tito 1:6).[59]

---

57 J. Dunn, *Colossians, Philemon* (Colosenses, Filemón, 245 Tal como lo cita Roger W. Gehring, *House Church and Mission:The Importance of Household Structures in Early Christianity* (La Iglesia en la Casa y la Misión: La Importancia de las Estructuras Familiares en el Cristianismo Primitivo) (Peabody, MA: Hendrickson, 2004) p. 260
58 Gehring, p. 298.
59 John M.G. Barclay, "*The Family as the Bearer of Religion in Judaism and Early Christianity*" ("La familia como la Portadora de la Religión y el Judaismo en el Cristianismo Primitivo"), en *Constructing Early Christian Families* (Construyendo las Primeras Familias Cristianas), Halvor Moxnes, ed. (London: Routledge, 1997), p. 77.

Dado que el liderazgo se desarrollaba naturalmente en el ambiente de la iglesia en la casa, las personas podían examinar si los miembros estaban o no, guiando a sus propias familias en una manera piadosa, parecida a Cristo. Aquellos que eran un ejemplo piadoso tanto para sus familias como para los de afuera eran los llamados a gobernar la casa de Dios, la iglesia del Dios viviente.

LA INSTRUCCIÓN FAMILIAR

En los tiempos del Nuevo Testamento, el grupo familiar básico viviendo en la misma casa estaba formado por el padre, la madre, los hijos no casados, probablemente uno o dos casados con sus propias esposas e hijos, y a menudo trabajadores y esclavos.

Ya que la iglesia primitiva fue organizada alrededor de esta familia extensa, surgió la necesidad de una enseñanza específica sobre cómo comportarse como la nueva familia de Dios transformada. En sus cartas a las Iglesias de las casas en Colosas y Éfeso, Pablo incluye instrucciones (a menudo llamadas los códigos de las casas) sobre cómo la casa orientada a la familia debía comportarse (Colosenses 3:18 y Efesios 5:22).

Los padres, las madres y los hijos son exhortados a cuidarse los unos a los otros y a cumplir sus roles dentro de la familia. John Barclay escribe: "El código de la casa supone la solidaridad de una familia cristina, y proyecta una imagen de la casa como el contexto en el cual al discipulado cristiano se le da una expresión práctica."[60] Pablo le dio sus instrucciones a:

---

60 Barclay, p. 76.

- Esposos y esposas (Efesios 5:22-33; Colosenses 3:18-19)
- Padres e hijos (Efesios 6:1-4; Colosenses 3:20-21)
- Amos y esclavos (Efesios 6:5-9; Colosenses 3:22-4:1)

Sabemos que los niños estaban presentes en esas primeras reuniones de las iglesias en las casas, tanto por lo que nos cuenta la historia de la iglesia y porque Pablo menciona a los niños en sus cartas. Osiek, MacDonald, and Tulloch escribe lo siguiente:

Que los niños no eran testigos casuales en las primeras reuniones cristianas, sino que se esperaba que ellos fueran oyentes activos de los primeros discursos cristianos, esto es algo que queda claro porque se mencionan directamente (junto con otras agrupaciones familiares) en los código de las casas del Nuevo Testamento (Colosenses 3:20; Efesios 6:1).[61]

Muchos de los niños que se mencionan en los códigos de las casas de Colosenses y de Efesios eran probablemente niños esclavos (algunos sin ningún conocimiento o contacto con sus padres biológicos), y muchos de los esclavos adultos que recibían la instrucción sin duda también tenían niños.[62]

En el mundo Romano, el rol de la maternidad frecuentemente era compartido con una variedad de personas, que incluía a nodrizas, cuidadores, y padres sustitutos de varios tipos. Osiek, MacDonald, and Tulloch escriben lo siguiente:

Deben haber habido muchos casos en que los niños (especialmente de bajo estatus social) terminaban, por

---

61 Osiek, MacDonald, Tulloch, edición Kindle, pp. 70-71.
62 Ibid., pp. 73-74.

motivos prácticos, bajo el cuidado de otros, o siendo adoptados; estos niños huérfanos eran alimentados habitualmente, aseados ocasionalmente, y puestos a dormir cada vez por diferentes personas. Si le añadimos a esto la fuerte posibilidad que rescatar a niños abandonados era tomado como un acto de caridad cristiana...terminamos con la probabilidad que las viudas a menudo estaban cuidando de niños que no eran propios. Las imágenes de los primeros grupos cristianos del segundo siglo dándoles la bienvenida a regañadientes a niños mendigos junto con esclavos y mujeres, eran probablemente muy cercanas a la realidad—especialmente si uno observaba a la 'viuda y a los huérfanos' desde la perspectiva de un forastero.[63]

Pablo dio sus instrucciones en plural para aclarar que las reglas son dirigidas no sólo a un amo, una esposa, hijos, y sirvientes en una casa, sino más bien a todos los miembros en todas las casas y en todas las iglesias de las casas—a todos en toda la iglesia como un todo en ese lugar.

El fortalecimiento de la familia simultáneamente fortalecía a las iglesias de las casas. Una casa que funciona bien, sólo puede existir sobre el fundamento de una familia saludable e intacta, por lo que existía una cercana conexión entre la familia y la iglesia en la casa del Nuevo Testamento.

LA HOSPITALIDAD FAMILIAR

La hospitalidad demostró el mensaje del amor de Dios a través de la nueva familia de Dios. Dado que la iglesia primitiva se

---

63 Ibid., pp. 76-77.

reunía en los hogares, la hospitalidad era una práctica natural y necesaria. Ayudaba a promover a la familia como un vínculo entre los creyentes y proporcionaba un escenario donde se podía reforzar una nueva identidad.[64]

Pablo anima a la iglesia en Roma a practicar la hospitalidad (Romanos 12:13), el escritor de los Hebreos le recuerda a los creyentes a no olvidarse de practicar la hospitalidad (Hebreos 13:1-3), y Pedro desafía a la comunidad a practicar la hospitalidad sin quejarse (1 Pedro 4:9). La hospitalidad en cada uno de estos pasajes, es una expresión concreta de amor por la familia de Dios y aún por los extraños, tal como lo vemos en el Antiguo Testamento. Osiek, MacDonald, y Tulloch escriben: "La hospitalidad emerge desde el principio como una virtud clave en los primeros grupos cristianos, tal como se demuestra con la hospitalidad ofrecida a Pablo por la pareja de misioneros (Hechos 18:1-3; vea Romanos 12:13; Hebreos 13:1-3)."[65]

El Evangelio se expandió al principio a través de creyentes que viajaban mucho y dependían de la hospitalidad de otros. Los viajes de los miembros de la iglesia y su involucramiento en el ministerio no hubieran sido posibles sin la ayuda de los creyentes. Pablo le pidió a Filemón que le preparara alojamiento en su casa, porque él, así como otros misioneros que viajaban, dependían de los hogares de los primeros creyentes cristianos (Filemón 22).

Tal hospitalidad no era sólo práctica, sino que era vista como una manera de participar en el ministerio del evangelio. Juan el apóstol dice, "...te comportas fielmente en todo lo que haces por los hermanos, aunque no los conozcas... Delante de la iglesia ellos han dado testimonio de tu amor. Harás bien en ayudarlos a seguir su viaje, como es digno de Dios. Ellos salieron

---

64 Pohl, pp. 31-32.
65 Osiek, MacDonald, Tulloch, pp. 31-32.

por causa del Nombre, sin nunca recibir nada de los paganos; nosotros, por lo tanto, debemos brindarles hospitalidad, y así colaborar con ellos en la verdad" (3 Juan 1:5-8).

Por otra parte, Juan también advirtió a los creyentes de no participar en los falsos ministerios de anti-cristos y de engañadores, al escribir lo siguiente: "no lo reciban en casa ni le den la bienvenida, pues quien le da la bienvenida se hace cómplice de sus malas obras" (2 Juan 1:10-11).

La hospitalidad a esos primeros misioneros y el recibimiento de su mensaje estuvieron muy relacionados. Jesús estableció la norma para la iglesia en este aspecto, al mandar a sus discípulos de pueblo en pueblo y de casa en casa, para llevar el reino de Dios en medio de ellos, recordándoles a sus discípulos que aquellos que los recibieran a ellos, de hecho lo estaban recibiendo a Él y a las buenas nuevas del Evangelio (Lucas 9:1-6; 10:1-11). En Romanos 15:7, Pablo insta a los creyentes a "aceptarse mutuamente" así como Cristo los aceptó a ellos.

La amable y sacrificial hospitalidad de Jesús, la cual fue expresada en su vida, ministerio, y muerte, sirve de base para lo hospitalidad que debe existir entre sus seguidores.

La mayor parte del mundo antiguo consideró la hospitalidad como una práctica moral fundamental. Era necesaria para la protección de los forasteros vulnerables y les aseguraba a los forasteros al menos lo mínimo de provisiones y protección, y conexión con la comunidad más grande. También sustentaba la red normal de relaciones sobre la cual dependía la comunidad.[66]

Esta generosa hospitalidad y amor entre los creyentes era atractiva para los no-creyentes.

Reta Finger escribe:

66 Pohl, p. 17.

¿Qué atrajo a las personas a la comunidad? En una ciudad llena de gente donde la mayoría de las personas vivían vidas marginales y desesperadas, a menudo aisladas de sus anteriores grupos de parentesco, Lucas ha retratado fielmente lo que era uno de los grandes atractivos del nuevo movimiento: la inclusiva y alegre comida diaria en la comunidad celebrada en el patio de al lado.[67]

Una de las principales formas de ofrecer hospitalidad era a través de comer juntos. Comer juntos en la casa era la forma principal en que se compartía la vida, así como también la manera en que se le daba la bienvenida a los forasteros y a aquellos que no eran parte de la familia. Lucas declaró en Hechos 4:34 que, "No había ningún necesitado en la comunidad."[68]

Quisiéramos citar Hechos 2:46 en lo concerniente a la Cena del Señor en los hogares de los creyentes, pero probablemente hablaremos menos sobre Hechos 2:45: "vendían sus propiedades y posesiones, y compartían sus bienes entre sí según la necesidad de cada uno." Partir el pan en la casa de los creyentes no sólo era una manera de rememorar la muerte del señor, también era el medio para asegurar que nadie se fuera con hambre.

A diferencia de la iglesia en Jerusalén, la iglesia en Corinto no estaba celebrando la Cena del Señor de la misma forma. Ellos no estaban enfocados en alimentar al pobre. Pablo escribe: "De hecho, cuando se reúnen, ya no es para comer la Cena del Señor, porque cada uno se adelanta a comer su propia cena, de

---

67 Reta Halteman Finger, *Of Widows and Meals: Communal Meals in the Book of Acts* (De las Viudas y las Comidas: Comidas Comunitarias en el Libro de los Hechos) (Grand Rapids, MI: William B. Eerdmans, 2007), p. 244.
68 Ibid., p. 6.

manera que unos se quedan con hambre mientras otros se emborrachan" (1 Corintios 11:20-21). En la iglesia primitiva, los creyentes daban y servían para parecerse a Jesús. Después de todo, Jesús lavó los pies de los discípulos y les dijo que hicieran lo mismo ellos, y luego les dijo: "Este mandamiento nuevo les doy: que se amen los unos a los otros. Así como yo los he amado, también ustedes deben amarse los unos a los otros. De este modo todos sabrán que son mis discípulos, si se aman los unos a los otros" (Juan 13:34-35).

EL PLAN FAMILIAR DE DIOS

El plan de Dios a través de los siglos ha sido llamar a un pueblo para modelar su naturaleza trina de amor, unidad y pureza. A pesar de que Israel no pudo ejemplificar esta comunidad, el plan de Dios no fracasó. Su plan familiar continuó con Cristo y la iglesia. De hecho, la imagen principal de la iglesia de Cristo es la familia de Dios. ¿Pero, cómo se relaciona con esta nueva familia el llamado radical de Cristo para el discipulado y el mensaje del reino?

Capítulo Cuatro

REVELACIÓN:
JESÚS Y SU MÉTODO DE MINISTERIO

Jesús causaba una impresión dondequiera que iba. Algunos lo declaraban Señor, mientras que otros se burlaban de él como si estuviera poseído por un demonio o trastornado. Jesús quería que la gente se decidiera. Él les dice a sus discípulos:

"¿Quién dice la gente que es el Hijo del hombre? Le respondieron: unos dicen que es Juan el Bautista, otros que Elías, y otros que Jeremías o uno de los profetas. Y ustedes, ¿quién dicen que soy yo? Tú eres el Cristo, el Hijo del Dios viviente afirmó Simón Pedro. Dichoso tú, Simón, hijo de Jonás le dijo Jesús, porque eso no te lo reveló ningún mortal, sino mi Padre que está en el cielo" (Mateo 16:13-17).

Jesús no daba lugar para que la gente permaneciera neutral. Él desafió a la gente a estar con él o contra él, y por esta razón algunos de sus propios discípulos se dieron la vuelta al no poder aceptar sus palabras (Juan 6:66). En su libro *Mere Christianity* (Mero Cristianismo), C.S. Lewis señala que Jesús nunca se deja ver como sólo una buena persona. Él es, o un mentiroso, o un lunático, o el Señor de toda la creación. De acuerdo al evangelio de Juan, Jesús es el Dios-hombre, ambos crearon al mundo y luego vinieron a salvarlo. Juan dice:

El que era la luz ya estaba en el mundo, y el mundo fue creado por medio de él, pero el mundo no lo reconoció. Vino a lo que era suyo, pero los suyos no lo recibieron. Mas a cuantos lo recibieron, a los que creen en su nombre, les dio el derecho de ser hijos de Dios (Juan 1:10-12).

A través de sus enseñanzas y su estilo de vida, Jesús anunció que las cosas nunca serían igual, lo viejo había quedado fuera y lo nuevo había llegado. Tal como lo escribe N.T. Wright: "Él quiso que fuera claro, esto no era sólo un anticipo de una realidad futura. Esto era la realidad misma. Así se veía cuando Dios estaba a cargo."[69] La presencia de Cristo en la tierra estaba anunciando un nuevo tipo de familia, una nueva forma de vida.

UN NUEVO REINO

El primer anuncio de Cristo fue sobre el reino. La Escritura nos dice que después que Juan fue encarcelado, Jesús se fue a Galilea a anunciar las buenas nuevas de Dios. "Se ha cumplido el

---

69 N.T. Wright, *Simply Jesus: A New Vision of Who He Was, What He Did, and Why He Matters* (Simplemente Jesús: Una Nueva Visión de Quién Él era, Lo que Él Hizo, y Por qué Él Importa)(New York: Harper Collins, 2011), Ubicación Kindle 2007-2023.

tiempo, "decía. "El reino de Dios está cerca. Arrepiéntanse y crean las buenas nuevas"(Marcos 1:14-15). ¿Qué quiso decir Jesús con el reino de Dios? Sabemos que los judíos deseaban un Nuevo orden social— uno libre de la tiranía y esclavitud Romana. Los discípulos de Cristo esperaban que Jesús, el Mesías, derrocara la ley Romana y estableciera un nuevo reino. ¿Así que, por qué no lo hizo? ¿Por qué no simplemente cumplió con las expectativas de la gente?

George Eldon Ladd, una de las primeras autoridades en la enseñanza del reino, explica que el reino vino en la persona de Jesucristo, pero que sería plenamente experimentado en el futuro.[70]   Por ejemplo en Lucas 17:20-21 Jesús declara, "...el reino de Dios está dentro de ustedes." Una manera alternativa de leer "dentro de ustedes" es "en medio de ustedes." Ladd concluye diciendo que Jesús quiso decir "en medio de ustedes." En otras palabras el Reino de Dios está ahora presente en la persona de Jesucristo. Ladd escribe: "El siglo venidero se ha superpuesto sobre este siglo."[71]

En Mateo 12:28, Jesús les dice a los Fariseos incrédulos, "En cambio, si expulso a los demonios por medio del Espíritu de Dios, eso significa que el reino de Dios ha llegado a ustedes." La autoridad de Cristo sobre el pecado, y los demonios eran una señal que el Reino estaba aquí. N.T. Wright, escribe: "Él nunca realizó milagros simplemente para impresionar. Él los veía como parte de la inauguración del gobierno soberano y sanador del Dios de pactos de Israel."[72]   Dios había incursionado dentro del ámbito humano a través de la persona de Jesucristo. El Reino había llegado. Johannes Verkuyl escribe:

---

70 George Eldon Ladd, *The Gospel of the Kingdom* (El Evangelio del Reino) (Grand Rapids, MI: Eerdmans, 1959), p. 42.

71 Ibid., p. 127.

72 N.T. Wright, *Jesus and the Victory of God* (Jesús y la Victoria de Dios) (Minneapolis, MN: Editorial Fortress, 1996), p. 191.

Los milagros de Jesús… proporcionan una ayuda especial para comprender cómo es revelado el Reino en este mundo. El Evangelio de Juan le llama a los milagros señales que apuntan hacia el Reino que se ha acercado y al majestuoso carácter del Mesías. Estos milagros abordan todo tipo de necesidad humana: pobreza, enfermedad, hambre, pecado, tentación demoníaca, y la amenaza a la muerte. Por medio de las necesidades Jesús está anticipando la Pascua. Cada una de estas necesidades proclama que lo que sea y dónde sea en el nombre de Dios, ya sean necesidades humanas o problemas son enfrentados y superados allí donde el Reino de Dios esté brillando.[73]

Jesús no era pasivo ante las necesidades y sufrimientos humanos. Él dio de comer al hambriento (Mateo 15:29-39) sanó al enfermo (Mateo 9:35), habló en contra de la opresión (Mateo 21:12-17; 23:1-38), y terminó muriendo en la cruz por los pecados del mundo (1 Juan 2:2). Jesús mismo declaró: "Si el mundo los aborrece, tengan presente que antes que a ustedes, me aborreció a mí… Si yo no hubiera venido ni les hubiera hablado, no serían culpables de pecado. Pero ahora no tienen excusa por su pecado" (Juan 15:18-25).

JESÚS MODELÓ LA COMUNIDAD DEL REINO PARA SUS DOCE DISCÍPULOS

¿Por qué escogió Jesús a doce? Los estudiosos del Nuevo Testamento coinciden en que el número doce refleja el hecho

---

73 Johannes Verkuyl, *Contemporary Missiology: An Introduction* (Misiología Contemporánea: Una Introducción) (Grand Rapids, MI: Eerdmans, 1981), así como se cita en *Perspectives on the World Christian Movement* (Perspectivas del Movimiento Cristiano Mundial), Eds. Ralph D. Winter & Steven C. Hawthorne (Pasadena, CA: William Carey Library, 1978), p. 42.

de que Israel estaba compuesto por doce tribus, y que Jesús estaba inaugurando el gobierno del reino de Dios. Gerhard Lohfink escribe: "Los doce son escogidos de un número mucho mayor de discípulos. Ellos representan las doce tribus; son el principio y el centro del crecimiento para el renovado Israel escatológico."[74]

No obstante, en otro nivel, Jesús se concentró en los doce para modelar la comunidad. Estos doce hombres descubrieron que la comunidad puede ser un lugar difícil para enmascarar las limitaciones, el egoísmo, la ignorancia, y los celos. Lo intentaron todo cuanto pudieron, pero no pudieron ocultar su egoísmo. Poco a poco reconocieron que debían abandonar sus estilos de vida competitivos.

El mayor entre ellos sería aquel que se hiciera como un sirviente. Descubrieron que su verdadero valor no se encontraba en su reputación, sino en su disposición en entregarse incansablemente a los demás. Al vivir con doce hombres, Dios en carne humana hizo una declaración clara sobre la forma cómo la comunidad se desarrolla.

También podemos aprender mucho de la forma cómo Él les enseñaba. Él no los reunía simplemente una vez a la semana para una "clase de discipulado." Él vivió con ellos. Se quedaban en hogares, visitaban Jerusalén, acampaban en las montañas. Ellos compartían los recursos financieros.

Jesús no sólo les enseñó a sus discípulos sobre la oración. Él también les pedía que lo acompañaran a reuniones de oración. Él les permitió a sus discípulos que lo vieran orando. Cuando los discípulos finalmente le preguntaron qué estaba haciendo, el aprovechó la oportunidad para enseñarles acerca de la oración (Lucas 11:1-4).

En vez de darles una clase de hermenéutica o de exégesis, Jesús citó las escrituras mientras hablaba y luego les explicó su

---

74 Lohfink, p. 131.

significado (se encuentran sesenta y seis referencias al Antiguo Testamento cuando hablaba con sus discípulos). Lo mismo es cierto en cuanto al evangelismo. Jesús evangelizó en presencia de sus discípulos y luego les instruía. Aprovechó las situaciones de la vida real para explicar cuidadosamente temas doctrinales complejos (ej. El joven rico en Mateo 19:23). Cristo sabía que la información teórica separada de la experiencia práctica tendría poco valor duradero. Después que los discípulos de Jesús habían terminado su viaje ministerial, se reunieron con Él para discutir lo ocurrido. Los apóstoles se reunieron con Jesús y le reportaron todo lo que habían hecho y enseñado (Marcos 6:30).

En otra ocasión, los discípulos le dijeron a Jesús, "Señor, hasta los demonios se nos someten en tu nombre" (Lucas 10:17). Jesús aprovechó la oportunidad para instruirlos y ofrecerles más dirección, "no se alegren de que puedan someter a los espíritus, sino alégrense de que sus nombres están escritos en el cielo" (Lucas 10:20).

Cristo estaba constantemente revisando las experiencias de sus discípulos y ofreciéndoles comentarios adicionales (Marcos 9:17-29; 6:30-44). Jesús:

- Les dio experiencias a los discípulos y les permitió que hicieran observaciones personales.
- Usó las experiencias y las observaciones como un punto de partida para enseñar una lección.
- Modeló lo que significa amar a Dios y amar a las personas por medio del ejemplo personal.

Los discípulos aprendieron haciendo, pero también fueron guiados a reflexionar en lo que hacían. Jesús les modeló esto a sus discípulos.

CRISTO INICIÓ UN MOVIMIENTO EN EL HOGAR

Algunas veces me imagino a Jesús durmiendo alrededor de fogatas, como las imágenes de los vaqueros en el salvaje Oeste. Cuando leemos de Jesús yendo de pueblo en pueblo y sanando a los enfermos, él en realidad estaba ministrando en los hogares. Lo siguiente nos ofrece una imagen del ministerio de Jesús en los hogares:

- Jesús en la casa de Pedro (Mateo 8:14)
- Jesús en la casa de Mateo (Mateo 9:10)
- Jesús en la casa de Zaqueo (Lucas 19:1-10)
- Jesús en la casa de Lázaro y sus hermanas (Lucas 10:38-42)
- Jesús en la casa de Jairo (Marcos 5:35-38)
- Jesús sanando a dos ciegos en una casa (Mateo 9:28-30)
- Jesús en la casa de Simón el leproso (Mateo 26:6)
- Jesús enseñando a sus discípulos en una casa (Mark 7:17-18; 9:33, 10:10)
- Jesús perdonando y sanando a una persona paralítica en una casa (Lucas 5:19)
- Jesús en la casa de un Fariseo (Lucas 14:1)
- Jesús instituyendo la cena del Señor en una casa (Mateo 26:18)
- Jesús mandó a sus doce y a sus setenta discípulos para sanar y enseñar de pueblo en pueblo y de casa en casa (Lucas 9:1-9; 10:1-11)

Originalmente el movimiento de Jesús fue establecido en una cultura rural de esos días. Ritva Williams escribe, "Debemos imaginarnos el movimiento de Jesús en la Galilea rural y en la región circundante como los lugares donde operaba

frecuentemente, y también dentro y alrededor de las casas."[75]
Diez de los doce discípulos eran de Galilea. Sólo al final, en los
últimos días de su ministerio en Jerusalén ministró en un
ambiente de ciudad. Mientras estaba en Galilea, la casa de Pedro pareciera haber
sido la base de operaciones. Lucas 4:38-40 dice:

Cuando Jesús salió de la sinagoga, se fue a casa de Simón,
cuya suegra estaba enferma con una fiebre muy alta. Le
pidieron a Jesús que la ayudara, así que se inclinó sobre ella
y reprendió a la fiebre, la cual se le quitó. Ella se levantó en
seguida y se puso a servirles. Al ponerse el sol, la gente le
llevó a Jesús todos los que padecían de diversas
enfermedades; él puso las manos sobre cada uno de ellos
y los sanó.

No sólo vivían allí Pedro y Andrés, sino que probablemente
una red de contactos evangelísticos crecía en esa casa (ej. La
suegra y la esposa de Pedro), incluyendo a los amigos de la
familia. Lo más probable es que la casa de Pedro era un lugar
donde Jesús y sus discípulos podían orar, disfrutar de la
comunidad y desarrollarse espiritualmente. También servía
como sala de reuniones y un lugar de sanidades y enseñanza.
En cierto sentido, era una iglesia en la casa prototípica.[76]
Además de la casa de Pedro en Capernaum, conocemos
sobre los seguidores de Jesús en Betania. En Jericó leemos que
estaba Zaqueo, la cabeza de una familia que sabemos que se
convirtió en seguidor de Jesús (Lucas 19:1-10). Es probable que
Jesús haya ganado algunos de estos seguidores a través del
ministerio de casa en casa (Lucas 10:5-6).

75 Williams, p. 11
76 Gehring, p. 47.

Muchos de estos seguidores vivían en Galilea (Marco1:29-31), Judea (Mateo 24:16), y en la región de Decápolis (Mark 5:19-20). Gehring escribe: "Si nuestra perspectiva aquí es correcta, se deduce que Jesús pudo haber llevado a cabo una misión galilea de pueblo en pueblo (o de casa en casa), en la que las casas, familias, y los seguidores de Jesús jugaron un papel similar al que jugaron en Capernaum (Mark 6:1, 6, 56; 8:27; 9:30)."[77]

ALCANCE BASADO EN EL HOGAR

El enfoque misionero de Cristo era encontrar un hogar dispuesto a comprometerse con su mensaje del Reino. Con esta casa como la base, los seguidores de Cristo intentaban alcanzar a toda la ciudad y sus alrededores.

Originalmente las instrucciones de Jesús eran más largas, pero en Lucas 9:1-9 y 10:1-11, tenemos las versiones comprimidas de esas instrucciones. Lucas 9 y 10 nos dicen que Jesús les asignó a los doce y a los setenta y dos discípulos que fueran de pueblo en pueblo y que entraran a los hogares, ofreciéndoles paz a los que los habitaban.

Jesús los mandó en parejas. Él no quería que ellos fueran solos. Cada discípulo necesitaba un compañero para tener comunión, apoyo, y para que el ministerio fuera efectivo. Jesús les dijo, "Cuando entren en una casa, digan primero: 'Paz a esta casa.' Si hay allí alguien digno de paz, gozará de ella; y si no, la bendición no se cumplirá" (Lucas 10: 5-6). Cuando encontraban a un "hombre de paz" (uno que deseaba encontrar la paz), ellos se quedaban en ese hogar, comiendo y bebiendo lo que les ofrecieran. Vivir en ese hogar era una parte clave de la estrategia de Jesús.

---

77 Ibid., p. 43.

La frase "paz a esta casa" también se utilizaba en la literatura de ese período de tiempo y describía a alguien que estaba calificado para recibir paz. Jesús quería que sus discípulos encontraran personas abiertas al mensaje del evangelio. Su hospitalidad para recibir a los mensajeros de Cristo era la prueba de su disposición de recibir el mensaje. Una comunidad, una nueva familia, sería establecida en esa casa como base de operaciones.

Este mensaje de paz es en realidad el mensaje del reino, y aquellos que recibían el Reino de Cristo eran los bienvenidos. El encargo de Cristo a sus discípulos era que sanaran y que proclamaran la presencia del gobierno de Dios, tal como Él lo había hecho. Cualquiera que aceptara a los mensajeros y su saludo de paz también aceptaba el mensaje del reino venidero. Así que, en cierto sentido, Dios estaba adelantándose a los discípulos y estableciendo la base de hogar o punta de lanza, que hizo posible el camino para que los discípulos alcanzaran a otros para hacerlos discípulos.

¿Quién debía recibir el saludo de paz? Lo más probable es que los discípulos ganaran al cabeza del hogar. A partir de allí se esparciría el proceso de conversión hasta círculos más amplios, alcanzando su clímax una vez que todo el pueblo hubiera escuchado el mensaje del reino. Las familias judías en ese tiempo estaban constituidas por el padre, la madre, los hijos, los sirvientes. Entre los palestinos, sólo la cabeza de la casa hubiera podido aceptar el saludo y ofrecer una invitación para quedarse en la casa.

Cristo mandó a sus discípulos sin comida ni ropa. Jesús les dijo, "No lleven monedero ni bolsa ni sandalias… Quédense en esa casa, y coman y beban de lo que ellos tengan, porque el trabajador tiene derecho a su sueldo" (Lucas 10:4,7). Los misioneros dependían de la hospitalidad práctica de sus anfitriones, tanto para la comida como para la ropa y el alojamiento. Roger Gehring escribe: "El encargo radical de ir a las misiones sin equipo ni ropa, renunciar a todas las posesiones, y ser así dependiente de la hospitalidad de las casas corresponde seguramente con la actitud y práctica de Jesús."[78] Ellos debían entrar en un hogar, convertir a los miembros de esa casa en particular, y alcanzar a las demás casas desde esa base de ubicación— en vez de andar de casa en casa (Lucas 10:7). Permanecer en una casa sólo tiene sentido si, más allá del primer anuncio del mensaje del reino, los mensajeros se quedaban para enseñarle a esa familia y establecer una comunidad de fe. De esta manera una familia se convertiría a Cristo y se formaría otra iglesia en una casa. Jesús quería que la primera casa se convirtiera en una base estratégica de operación desde dónde las otras casas pudieran ser alcanzadas. Sin embargo, la única manera de lograr esto era tener una base fuerte, tener un lugar donde comenzar, y de allí podrían a los discípulos a cubrir toda el área.

Hoy todos los estudiosos están de acuerdo con que la estrategia de Cristo de las Iglesias en las casas, era el punto de inicio para el desarrollo de la iglesia después de la resurrección. Las instrucciones de Cristo en Lucas 9 y 10 demuestran que la misión pre-pascual en las casas, tal como la practicó Jesús y sus discípulos, fue la forma embrionaria del alcance de casa-en- casa después de Pentecostés.[79]

Los discípulos en Hechos siguieron la estrategia de Cristo al alcanzar la estructura familiar de las casas *(oikos)* con el mensaje del evangelio, y luego a toda la ciudad. Una de las razones más importantes por la que era tan efectiva la iglesia primitiva era porque ellos penetraban la fibra básica de la sociedad—familias viviendo en sus hogares. Un problema con la iglesia hoy, es que las personas van a un evento en un edificio, participan en varios

78 Gehring, p. 53.
79 Ibid., p. 58.

programas, pero sus vidas no cambian. Lohfink escribe sobre la estrategia de Cristo en las casas,

> Las casas en las que entraban los discípulos iban a convertirse en bases para el movimiento de Jesús. Una red de casas donde había penetrado la paz escatológica estaba por extenderse por todos los lugares. Por todas partes en Israel habría personas cautivadas por el gobierno de Dios y por lo tanto confiaban unos en los otros para cuidarse unos a otros. Por lo tanto se crearía una base viviente que apoyaría el trabajo de proclamación de los discípulos.[80]

A menudo he enseñado que los primeros discípulos después de Pentecostés desarrollaron de manera natural grupos en las casas, por el consejo de Jetro a Moisés de establecer grupos de diez (Éxodo 18), pero es más probable que los discípulos simplemente continuaran siguiendo la estrategia de casa-en-casa, que su Maestro les entregó en Lucas 9 y 10.

CONSTRUYENDO EL REINO

El Reino que Cristo inauguró no dependía de edificios ornamentados o de estructuras gubernamentales. Era un reino espiritual que entraba en los corazones y en las mentes de las familias en sus casas. Los Judíos querían un despliegue de poder y de fuerza, pero Cristo eligió hacer la diferencia transformando de adentro hacia afuera. Para hacer esto, Cristo utilizó la estructura más natural, práctica y reproducible para extender el mensaje del reino— el ministerio de casa-en-casa.

---

80 Lohfink, p. 167.

Aunque el mensaje de Cristo propagó la transformación, el vehículo también fue importante. Cristo extendió su mensaje del reino dentro de la fibra misma de la cultura. A pesar de la oposición del mundo, el evangelio se extendió a través del Imperio Romano. Lo que atraía a las personas eran las vidas cambiadas de los seguidores y la formación de una nueva familia basada en el amor y en la servidumbre.

Parte 2

COMPRENDIENDO LAS PRÁCTICAS DE LA IGLESIA PRIMITIVA

Capítulo Cinco

PRÁCTICA ECLESIAL: LA CASA EN LA IGLESIA DEL NUEVO TESTAMENTO

Hoy al escuchar la palabra _iglesia_, una amplia gama de imágenes surgen en nuestra mente. Por ejemplo, yo vivo en el soleado sur de California y puedo conducir mi auto y pasar por _iglesias_ como la iglesia Saddleback , Calvary Chapel (Capilla El Calvario), o la Crystal Cathedral (Catedral de Cristal). Aunque puede ser que usted no tenga tales imágenes de _Iglesias_ en su mente, la mayoría de personas sí piensan en términos de edificios de iglesias, reuniones de iglesias, y días específicos para ir a la iglesia. Hoy cuando leemos el Nuevo Testamento, es casi imposible evitar estas imágenes modernas de iglesias y de experiencias con la _iglesia_.

El hecho es que los primeros cristianos se reunieron por un período cercano a los trescientos años, principalmente en los hogares de los miembros—hasta el siglo cuatro cuando Constantino comenzó a construir en todo el Imperio Romano las primeras basílicas.

El ministerio basado en las casas comenzó a ser muy común, tal es así que en todo el libro de los Hechos, cada vez que se menciona una iglesia local o una reunión de iglesia, para adorar o sólo para tener camaradería, esta es una referencia de una reunión de iglesia en un hogar. Hombres y mujeres ardiendo por el Espíritu de Dios, comenzaron a propagar el mensaje del evangelio de casa-en-casa (Hechos 20:20). Las iglesias en las casas desempeñaron un papel esencial en el rápido crecimiento y en el gran triunfo del cristianismo, y sería apropiado decir que los primeros tres siglos le pertenecieron al movimiento de las iglesias en las casas.

LA LLAMA SE EXTIENDE A TRAVÉS DE LAS CASAS

En Pentecostés, Dios bautizó a otras personas con Su Espíritu, y estos creyentes propagaron el evangelio por todo el mundo Mediterráneo, utilizando el marco de la iglesia en la casa para expandirse (Hechos 1:13, 12:12). La Escritura dice: "No dejaban de reunirse en el templo ni un solo día. De casa en casa partían el pan y compartían la comida con alegría y generosidad, alabando a Dios y disfrutando de la estimación general del pueblo" (Hechos 2:46; 5:42).

Haciéndose camino a través del imperio romano, el cristianismo dejó a las iglesias en las casas a su paso. Cuando Pedro fue puesto en libertad en Hechos 12, él fue a una iglesia en una casa que se encontraba en el hogar de María. La Escritura dice: "fue a casa de María, la madre de Juan, apodado Marcos, donde muchas personas estaban reunidas orando" (Hechos 12:12).

En Hechos 3, Juan y Pedro aparecen juntos. Ellos habían viajado de pueblo en pueblo, que implica decir de casa-en-casa, tal como Jesús les había dicho que hicieran en Lucas 9:4-6 y 10:1-3. Pedro también se quedó en la casa de Simón el curtidor. No sabemos cómo llegó a la fe Simón, pero sí sabemos que le extendió su hospitalidad a Pedro y al hacerlo apoyó a Pedro en su alcance por toda el área. Luego vemos a Pedro siguiendo el ejemplo de Jesús, yendo de casa-en-casa cuando va a la casa de Cornelio. Mediante la proclamación del evangelio, Cornelio y toda su casa vinieron a la fe en Cristo. Sobre la conversión de Cornelio, Gehring escribe:

A través del saludo de paz y la proclamación del Reino de Dios, la paz de Dios reposa sobre el hijo de paz y su familia (Lucas10:5-7; Mateo10:12-13). Después de esto Pedro es invitado a quedarse por unos días (Compare Hechos 10:48 con Lucas 10:7). Muchos exégetas ven Hechos 10: 1-48, entre otras cosas, como la historia del descubrimiento de la iglesia en Cesarea.[81]

A medida que la iglesia se trasladó de Jerusalén, la llama del evangelio continuó extendiéndose a través de las casas. La casa del carcelero de Filipo era un centro de evangelización después de su conversión (Hechos 16:16-40). La casa de Jasón en Tesalónica fue utilizada para el evangelismo (Hechos. 17:5). Después de abrirle El Señor el corazón a Lidia, y de haberse bautizado toda su casa, ella invitó a los misioneros a su casa y les ofreció su hospitalidad por un tiempo indeterminado (Hechos 16:14-15). Su casa se convirtió en un lugar donde se

---

81 Gehring, p. 108

disfrutaba de compañerismo, era un lugar de reunión para la adoración, y una base de operaciones para la misión de Pablo.[82] En Hechos 18:7-8, Crispo, el jefe de la sinagoga, y toda su familia creyeron en el Señor, y nació otra iglesia en la casa.

Felipe daba la bienvenida a visitantes como a Pablo y a los que le acompañaban, a su casa en Cesarea, y también a otros cristianos como Agabo. En Hechos 21: 8-9, observamos que Felipe era el dueño de su casa en Cesarea. Probablemente allí obtuvo el título de *evangelista* (Hechos 21:8). Felipe ministraba desde Cesarea y tenía como blanco las áreas a su alrededor. Aparte de ser su casa la sede de las misiones, ésta posiblemente también era el lugar de reunión para una iglesia en una casa.

Pablo bautizó a la familia de Estéfanas, y aparentemente utilizaba su casa "para servir a los creyentes" (1 Corintios 16:15). Pablo pide que se salude a "los hermanos que están en Laodicea, como también a Ninfas y a la iglesia que se reúne en su casa" (Colosenses 4:15). Aquila y Priscila mantenían una iglesia en su hogar donde sea que estuvieran viviendo, ya fuera en Corinto o en Roma (Hechos 18:2, 26; Romanos 16:5; 1 Corintios 16:19; 2 Timoteo 4:19).

En Corinto, Aquila trabajaba como artesano fabricante de tiendas o de cuero y abrió un negocio allí. Pablo aprovechó esta plataforma para establecer contactos evangelísticos. El alcance de toda la ciudad se extendía desde este punto central, y dio lugar a la formación de una iglesia en la casa con Pablo y esta pareja como su núcleo.

Con relación a la casa de Aquila, Ghering escribe lo siguiente: "En esa habitación o en la misma tienda unos veinte creyentes pueden haberse reunido para una reunión de la iglesia en la casa."[83] Uno se puede imaginar durante estas reuniones en las casas algunos de los invitados sentados en lienzos con los que

---

82 Ibid., p. 131.
83 Gehring, p. 136.

elaboraban las tiendas. Esta pareja se ofrecía a sí misma y a su casa para la misión de alcance de Pablo.

La enseñanza de Pablo a la iglesia de Corinto tiene como marco un pequeño grupo donde "cada uno" está participando. "…cuando se reúnan, cada uno puede tener un himno, una enseñanza, una revelación, un mensaje en lenguas, o una interpretación. Todo esto debe hacerse para la edificación de la iglesia" (1 Corintios 14:26).

En hechos 18:7, leemos que Pablo se mudó a la casa de Ticio Justo, que se encontraba a la par de la sinagoga. Es muy probable que éste fuera un hombre temeroso de Dios y acaudalado. Probablemente era un líder muy fuerte en la iglesia primitiva pues era dueño de una casa lo suficientemente grande para ofrecerle a Pablo un lugar para su ministerio de predicación evangelística.

En las Escrituras se asume la existencia de muchas más casas. Por ejemplo, podemos observar que aparecen rastros de dos iglesias en las casas, en Romanos 16:14-15, "Saluden a Asíncrito, a Flegonte, a Hermes, a Patrobas, a Hermas y a los hermanos que están con ellos. Saluden a Filólogo, a Julia, a Nereo y a su hermana, a Olimpas y a todos los hermanos que están con ellos." Estos nombres representan los miembros de dos iglesias que estaban en dos casas, y a estas iglesias en las casas pertenecían otro número indeterminado de cristianos, algunos eran parientes, otros eran esclavos o esclavos emancipados.[84]

Pablo escribe a una iglesia en una casa en su epístola a Filemón (versículo 2). En Laodicea, en Colosenses 4:15, vemos el ejemplo de una mujer dueña de una casa quien estaba poniendo su casa a disposición de la iglesia (Laodicea se encontraba a nueve millas de Colosas). Esta era sólo una de las iglesias en las casas, de la iglesia local en esa área.

---

84 Ibid., p. 145.

El ministerio de casa-en-casa permitió a los creyentes desafiar el orden social de la época (1 Corintios 7:20-24). Ellos se convirtieron en testigos a través de sus palabras, sus vidas y su sufrimiento. Debido al tamaño pequeño de las iglesias en las casas, era posible mantener una atmósfera familiar y practicar el amor entre hermanos de manera personal y efectiva.

La iglesia primitiva siguió el ejemplo de Jesús al establecer iglesias en los hogares a lo largo del Imperio Romano. Hemos notado ésto por los hogares en Galilea, Jerusalén, Jericó hasta Damasco (Hechos 9: 10-19), Jope (Hechos 9:43; 10:6, 17-18, 32), Cesarea (Hechos 10:1-11:18; 21:18), Tiro (Hechos 21:3-6), Filipo (Hechos 16:15, 34, 40), Tesalónica (Hechos 17:5-7), Éfeso (Hechos 20:20), Troas (Hechos 20:7-12), Corinto (Hechos 18:3, 7-8), y Roma (Hechos 28:16, 23, 30-31).

EL TAMAÑO DE LAS PRIMERAS IGLESIAS EN LAS CASA

Los historiadores concuerdan con que estas iglesias en las casas rara vez eran de más de quince o veinte personas.[85] Una vez que una iglesia en una casa crecía más que eso, generalmente se multiplicaba comenzando en un lugar cercano otra iglesia en otra casa. Si no se hacía esto el crecimiento inmediatamente causaba problemas.[86] En otras palabras estas casas eran

---

85 Reconozco que algunas personas promueven la idea que las iglesias en las casas del principio no eran en realidad grupos pequeños sino medianos de veinticinco a sesenta personas. Después de investigar este tema, mi propia conclusión es que pocas iglesias en las casas eran lo suficientemente grandes para soportar a una multitud de este tamaño. Considero que algunas iglesias en las casas como la del aposento alto, en Hechos 2, tenían esta capacidad, pero esta era la excepción y no la regla.

86 Wolfgang Simson, *Houses That Changed the World* (Casas que Cambiaron al Mundo) (Cornwall, UK: Auténtico, 1998), pp. 40-41.

simplemente estructuras de casas de tamaño normal. No eran nada que escapara de lo ordinario.[87] Dado que las casas de ese tiempo diferían de un lugar a otro, no podemos ser demasiado dogmáticos sobre el tamaño, forma y patrón que cada casa tenía. Gehring escribe:

Desde el punto de vista arquitectónico, la casa ofrecía ciertas ventajas al proporcionar espacio utilizado en una variedad de maneras para el alcance misionero. Para empezar, hay que señalar que las casas difieren arquitectónicamente la una de la otra. Para los tiempos de la misión cristiana primitiva, se cuestionan los tipos de casas privadas, palestinas, griegas y romanas. Ellos se adaptaron con facilidad, y proporcionaron a los cristianos un lugar de bajo costo para reunión. Con relativamente poco esfuerzo fue posible establecer una presencia cristiana en la vida cotidiana de las ciudades antiguas.[88]

Normalmente una iglesia en una casa se reunía en una habitación, generalmente en el comedor de una casa doméstica y privada que no había sido alterada o cambiada sino que era utilizada para propósitos Cristianos. El comedor, junto con el patio, proporcionaban espacio para enseñar, para los ministerios de predicación, para la instrucción bautismal, y otras actividades

---

87 Ralph Neighbour dice, "Excavations in Jerusalem reflect that only the wealthy had homes with second-floor 'Upper Rooms.' For the rest, residences would usually not accommodate more than ten to twelve persons." ("Excavaciones en Jerusalem reflejan que sólo los acaudalados tenían hogares con dos pisos 'el aposento alto'. Para el resto, sus casas no podían acomodar a más de diez a doce personas".) in *Where Do We Go from Here?* (Y de aquí, ¿hacia Dónde Vamos) *A Guidebook for the Cell Group Church* (Una Guía para la Iglesia del Grupo Celular) ((Houston, TX: Touch Publications, 2000), Ubicaciones Kindle 578-579.
88 Gehring, pp. 289-290.

misioneras. Les permitía a los primeros cristianos espacio para reuniones de oración y la celebración de la cena del Señor.

Osiek y Balch escriben, "Al comparar las excavaciones arqueológicas de casas de esa época, en una casa típicamente podía caber de 6 a 15 personas. Si las personas llegaban hasta los jardines, aún más se podían reunir"[89] La cena en la vida doméstica Romana podía durar desde la tarde hasta muy entrada la noche. Generalmente, eran de nueve a veinte invitados, los que acomodaban de acuerdo a un orden para sentarse.[90]

En los primeros años, tal vez en el primer siglo y medio, probablemente no había adaptaciones estructurales para la adoración cristiana, sino más bien, los creyentes se adaptaban a las estructuras que estaban disponibles. El tamaño del espacio de reunión en la casa más grande disponible, limitaría el tamaño del grupo que se reunía para adorar. Cuando el grupo se hacía muy grande, se fundaba otro hogar en otro lugar.[91]

Las excavaciones cerca de Corinto ponen al descubierto una casa con un atrio, que contenía una serie de habitaciones que rodeaban un patio. Acomodaba a nueve personas en los sofás dispuestos a lo largo de las paredes, y en el patio habría habido espacio para varias personas más. Si se hubieran retirado todos los sofás habría habido espacio para una veintena de personas.[92] Gehring dice: "Debido a las limitaciones físicas del *triclinium* [comedor]. . . estas primeras comunidades cristianas eran pequeñas, grupos de tipo familiar donde era posible la atención

89 Carolyn Osiek and David L. Balch, *Families in the New Testament World* (Familias en el Mundo del Nuevo Testamento) (Louisville, KY: Editorial Westminster John Knox, 1997), p. 30
90 Wikipedia, Acceso: jueves, 29 de diciembre, 2011 en http://en.wikipedia.org/wiki/Triclinium
91 Osiek y Balch , p. 33.
92 Gehring, p. 141.

individual pastoral, las relaciones personales íntimas y donde la rendición de cuentas entre sí eran posibles."[93]

A pesar que no hay evidencia arqueológica para iglesias en las casas que se realizaran en apartamentos de esa época (llamados *insula*), es probable que las primeras reuniones cristianas también se realizaran en estos cuartos o apartamentos. "Aquellos con Cloé" (1 Corintios 1:11) pueden ser un ejemplo. El discurso de Pablo dado muy tarde en la noche en la habitación del tercer piso en Troas (Hechos 20:7-12) es probablemente otro ejemplo.[94] Osiek, MacDonald, y Tulloch concluyen con su estudio de las primeras iglesias en las casas que, "algunos grupos cristianos ciertamente deben haberse reunido en alojamientos más modestos, incluso en algunos apartamentos más sombríos *(insulae)*."[95]

Un número bien limitado de hogares acaudalados podían albergar a unas ciento veinte personas (el aposento alto), pero esta era más bien la excepción, no la regla. Banks escribe:

La sala de entretenimiento en una casa moderadamente acomodada podía tener capacidad para alrededor de treinta personas cómodamente ubicadas—tal vez para la mitad en caso de emergencia. La reunión más grande en Troas, por ejemplo, era tan grande que Eutico tuvo que usar la ventana como asiento (Hechos 20:9). Una reunión de "toda la iglesia" pudo haber alcanzado de cuarenta a cuarentaicinco personas, si la reunión se hubiera extendido hacia el atrio entonces el número podría haber sido mayor, aunque no más del doble de ese tamaño— pero muchas reuniones pudieron haber sido menores.[96]

93 Ibid., p. 290.
94 Osiek y Balch , p. 34.
95 Osiek,MacDonald, Edición Tulloch, Kindle, p. 9.
96 Banks, pp. 35-36.

Las iglesias en las casas eran personales, amigables y atractivas a los de afuera. Klauck escribe: "Una razón para el poderoso impacto de las iglesias en las casas dentro de su ambiente, la encontramos en el hecho que no era posible crecer más allá de los parámetros de un grupo pequeño debido a la falta de espacio."[97]

¿QUÉ HACÍAN ELLOS EN LAS REUNIONES DE LAS CASAS?

Leemos en el Evangelio relatos de Jesús reuniendo a sus discípulos en una casa donde Él partió el pan y compartió el vino para preparar a sus discípulos para su muerte (ej. Lucas 22:7-38). La iglesia primitiva siguió el ejemplo de Cristo al partir juntos el pan. Ellos compartían una comida completa mientras celebraban su muerte y resurrección (Hechos 2:46; 1 Corintios 11:20-26). William Barclay escribe: "La cena del Señor comenzó como una comida en familia o una comida entre amigos en una casa privada... fue allí que nació la Cena del Señor en la iglesia. Era como la Pascua judía, que es una fiesta familiar en la que el padre y el jefe del hogar es quien la celebra."[98]

Todos traían comida, aunque fuera poca o mucha, y la compartían. Ellos recordaban que la muerte de Cristo en la cruz

---

97 Klauck, Hausgemeinde, tal como fue citado en Roger W. Gehring, *House Church and Mission: The Importance of Household Structures in Early Christianity* (Iglesia en la Casa y Misión:La Importancia de las Estructuras Familiares en el Cristianismo Primitivo) (Peabody, MA: Hendrickson, 2004), p. 290.
98 William Barclay, *The Lord's supper* (La Cena del Señor)(SCM: London, 1967), p. 101 tal como fue citado en Robert and Julia Banks, *The Church Comes Home: A New Base for Community and Mission (*La Iglesia Llega al Hogar: Una Nueva Base para la Comunidad y la Misión) (Australia: Albatross Books, 1986), p. 59.

trajo salvación y esperaban su segunda venida cuando disfrutarían de las bodas del Cordero.[99] ¿Celebraban la Cena del Señor cada vez que se reunían? No lo sabemos con certeza, pero aparentemente era una práctica frecuente.

Además de compartir la Cena del Señor, las reuniones de la iglesia en la casa eran bastante flexibles. Pablo escribió a la Iglesia en la casa que estaba en Colosas: "Que habite en ustedes la palabra de Cristo con toda su riqueza: instrúyanse y aconséjense unos a otros con toda sabiduría; canten salmos, himnos y canciones espirituales a Dios, con gratitud de corazón" (Colosenses 3:16). Pablo quería que los creyentes de la iglesia en la casa compartieran libremente, que se animaran los unos a los otros, y que se regocijaran en la bondad de Dios. No vemos una agenda rígida. Por el contrario, la reunión era un tiempo para ministrarse unos a otros y para solventar las necesidades.

El escritor de los Hebreos exhorta a los miembros de la iglesia en la casa que hagan algo similar: "Mantengamos firme la esperanza que profesamos, porque fiel es el que hizo la promesa. Preocupémonos los unos por los otros, a fin de estimularnos al amor y a las buenas obras. No dejemos de congregarnos, como acostumbran hacerlo algunos, sino animémonos unos a otros, y con mayor razón ahora que vemos que aquel día se acerca" (Hebreos 10:23-25). El Espíritu Santo utilizó a cada miembro como un instrumento de edificación.

Los miembros disfrutaban estar juntos, se reían juntos, y experimentaban un rico compañerismo. Robert Banks escribe: "No encontramos nada que nos sugiera que estas reuniones eran

---

99 Lohfink, pp. 147-148.

conducidas con el tipo de solemnidad y formalidad que rodean la mayoría de reuniones cristianas semanales hoy en día."[100] La iglesia primitiva se veía a sí misma como la nueva familia de Dios. Muchas de las reuniones de la iglesia en las casas eran auspiciadas y dirigidas por la misma familia. El intenso amor de estos primeros seguidores de Cristo permearon la reunión. Ellos se veían a sí mismos como hermanos y hermanas y querían servirse unos a otros como Jesús sirvió a sus propios discípulos. Tal como se mencionó con anterioridad, la frase *unos a otros* aparece más de cincuenta veces en el Nuevo Testamento. Estas frases instruían a los creyentes a cultivar relaciones entre ellos.

Pablo les enseñó a las primeras iglesias en las casas que cada miembro tenía una parte esencial que cumplir de acuerdo con los dones que habían recibido (1 Corintios 12-14; Romanos 12; Efesios 4). Él puso un gran énfasis en la participación de cada persona debido a que cada persona tenía algo con qué contribuir. Pablo dirigió sus cartas a todos los de la iglesia en la casa, porque todos eran ministros.

Cuando le escribió a la iglesia de Corinto, Pablo dice: "¿Qué concluimos, hermanos? Que cuando se reúnan, cada uno puede tener un himno, una enseñanza, una revelación, un mensaje en lenguas, o una interpretación. Todo esto debe hacerse para la edificación de la iglesia" (1 Corintios 14:26). Pablo asumía que ellos se ministrarían unos a otros energéticamente. Su preocupación era que se hiciera de esta manera: "Pero todo debe hacerse de una manera apropiada y con orden" (1 Corintios 14:40). Ritva Williams escribe: "La actividad central de la *ekklesia* pareciera haber sido una comida—La cena del Señor—seguida

100 Robert and Julia Banks, *The Church Comes Home: A New Base for Community and Mission* (La Iglesia Llega al Hogar: Una Nueva Base para la Comunidad y la Misión) (Australia: Albatross Books, 1986), p. 39.

de hechos como la profecía, la enseñanza, la sanidad, y hablar en otras lenguas (1 Corintios 11-14)."[101] Sabemos que las primeras iglesias oraban juntas. Después de que Pedro fuera puesto en libertad de manera sobrenatural, leemos en Hechos 12:12: "Cuando cayó en cuenta de ésto, fue a casa de María, la madre de Juan, apodado Marcos, donde muchas personas estaban reunidas orando." Ellos estaban orando específicamente por que Pedro fuera liberado de la prisión, pero podemos colegir que la oración caracterizaba a las reuniones de la iglesia en las casas.

La mayoría de estudiosos están de acuerdo con que las primeras iglesias en las casas hacían énfasis en los siguientes elementos:[102]

- Adorar
- Práctica de los dones espirituales
- Enseñar
- Oración
- Compañerismo
- Evangelismo
- La Santa Cena
- Bautismo

Lucas describe que los hogares eran utilizados para reuniones de oración (Hechos 12:12); para una noche de compañerismo cristiano (Hechos 21:7); para servicios de Santa Cena (Hechos 2:46); para toda una noche de oración, adoración, e instrucción (Hechos 20:7); para reuniones improvisadas de evangelismo (Hechos 16:32); para reuniones planificadas para escuchar el evangelio (Hechos 10:22); para reuniones de seguimiento

---

101 Williams, p. 17.
102 Gehring, p. 27.

(Hechos 18:26) y para una instrucción organizada (Hechos 5:42).[103]

Los anuncios y las comunicaciones también eran actividades importantes de las primeras iglesias en las casas. Las noticias de los visitantes, el envío de cartas de una ciudad a otra (ej. Las cartas de Pablo, y 2 y 3 de Juan), avisos de persecuciones, y los anuncios de las persecuciones que estaban ocurriendo en ese momento, era información importante que se daba a través de las iglesias en las casas.[104]

Las iglesias en las casas también servían como centros de servicios sociales para aquellos miembros que se encontraban en necesidad. Las jóvenes viudas y los miembros más pobres de la familia veían a las iglesias en las casas como un medio de apoyo para ellos. Al parecer también hubo algunos intentos de parte de algunas familias por evitar sus responsabilidades (1 ;Timoteo 5:4, 5, 8, 16).[105]

CONEXIONES ÍNTIMAS

Dios escogió un escenario particular para compartir los valores del reino. Mientras que la iglesia existe aparte de la estructura que representa, el hogar extrae los valores trinos del amor, la comunidad, y la transformación familiar. Las prácticas de las primeras iglesias en las casas estaban relacionadas y aún determinadas por el lugar—el *qué* estaba determinado por el *dónde*. Ralph Neighbour escribe:

103 Michael Green, *Evangelism in the Early Church* (Evangelismo en la Iglesia Primitiva)(Grand Rapids, MI: Eermans, 2003), Ubicación Kindle 3776-3778.
104 Osiek, MacDonald, Tulloch, p. 14.
105 Ibid., p. 14.

Existe una razón muy importante para que la iglesia primitiva fuera formada en los hogares. Es en este lugar que los valores son compartidos. Puede ser posible transmitir información en un edificio neutral, pero pocos valores se implantan allí. Los sistemas de valores son arraigados a través de la convivencia en un hogar. Algo se agita en lo profundo cuando la vida se comparte entre los jóvenes y los viejos, los fuertes y los débiles, los sabios y los torpes. En los grupos de las casas, todos participaban y todos eran impactados por los valores de los demás al vivir Cristo dentro de ellos.[106]

Dios diseñó una estrategia reproducible que dependía de la casa o propiedad del creyente para las primeras reuniones. Sólo aquellos transformados por el mensaje del evangelio, corrían el riesgo de abrir sus hogares. Sin embargo, todos aquellos que abrieron sus hogares ejemplificaban el amor y poder de Dios para que sus vecinos y amigos lo vieran y lo experimentaran. En el proceso, muchos más fueron convertidos, y la iglesia primitiva continuó expandiéndose de casa-en-casa.

---

106 Neighbour, *Where Do We Go from Here* (Y de aquí, ¿Hacia Dónde Vamos?), Ubicación Kindle 584-585.

Capítulo Seis

VIDA ECLESIAL:
EL OIKOS QUE SE REUNÍA EN LA CASA

Para llegar a una teología bíblica se requiere imaginar y tener una visión de cómo era la vida para los primeros creyentes. Una cosa es reconocer que los primeros cristianos se reunían en los hogares; otra es visualizar la cultura que se vivía en esos hogares. ¿Cómo eran las personas en esos entonces? ¿Cómo difería su cultura con la nuestra? Los inspirados escritores bíblicos no escribieron sólo por escribir. Ellos tenían una cultura en particular y una audiencia en mente cuando escribieron. La única manera de comprender las enseñanzas bíblicas es comprendiendo el contexto. Philip Esler señala:

Es importante hacer notar que estas casas estaban constituidas por familias funcionales, en las que se encontraban miembros de esa familia y posiblemente también esclavos y clientes que los visitaban, no sólo eran los cascarones de las casas que habían sido tomados para hacer las reuniones de la congregación. Como resultado las congregaciones fueron involucradas en las realidades sociales, los roles, valores, e instituciones de algunas familias en las ciudades donde estaban localizadas.[107]

Uno de los vacíos culturales más importantes entre los tiempos antiguos y los actuales es la familia extensiva, o la estructura antigua del *oikos*. Por ejemplo, aquellos que viven en el mundo occidental individualista tienen muchos problemas tratando de imaginarse la cultura del Nuevo Testamento, en la cual era normal vivir con los padres, parientes, sirvientes, y otros trabajadores. Nosotros estamos acostumbrados a vivir en medio de familias nucleares—padre, madre, e hijos.

Sin embargo, el mundo antiguo ni siquiera tenía una manera de expresar lo que actualmente llamamos "familia nuclear." Solamente podemos encontrar la palabra para familia extensiva u *oikos* la cual quiere decir familia, casa o casa familiar.

RELACIONES OIKOS

La palabra "casa" *(oikia)* y "familia" *(oikos)* juegan un rol

───────────
107 Cf. H. Moxes, "What Is Family? Problems Constructing Early Christian Families," (¿Qué es la familia? Problemas al Construir las Primeras Familias Cristianas) en Constructing Early Christian Families: Family as Social Reality and Metaphor,(Construyendo las Primeras Familias Cristianas:La Familia como una Realidad Social y como una Metáfora) H. Moxes, ed. (London: Routledge, 1997), p. 25 tal como se cita en Andrew D. Clarke, Serve the Community of the Church (Sirve a la Comunidad de la Iglesia) (Grand Rapids, MI: Eerdmans, 2000), p. 162.

prominente, o más bien dominante en la vida de la iglesia primitiva. La palabra *oikos* se encuentra treinta y cuatro veces en Lucas y veinticinco veces en el libro de los Hechos. La cabeza del *oikos*, su familia extensiva (la esposa y los hijos), y los esclavos normalmente vivían juntos en un entorno doméstico. Los *oikos* grandes también tenían granjas que eran por lo general atendidas por esclavos, que eran además la unidad básica de la economía antigua. A duras penas alguna cosa determinaba la vida diaria más que al *oikos* con su red de relaciones. Era la estructura social prominente del día e incluía implicaciones legales, económicas y biológicas. Al pertenecer a un determinado *oikos*, cada persona ganaba un sentido de identidad dentro de la sociedad más grande. No podemos dejar de recalcar la importancia del oikos en la organización y la expansión de la iglesia primitiva.

La estructura *oikos* sirvió como el grupo primario de identificación de cada miembro y era la fuente inmediata de su atribuido honor. Ritva Williams escribe: "La solidaridad familiar, presentando un frente unido ante el mundo fuera del *oikos*, era considerada como crucial, y exigía lealtad inquebrantable, respeto y obediencia, primero a sus propios padres y luego uno al otro."[108] Debido a que la iglesia primitiva evangelizaba a través de las relaciones naturales del *oikos*, el cristianismo prácticamente entró en todas las clases sociales.

TRANSFORMACIÓN OIKOS

Las Iglesias cristianas en las casas integraban a una gran diversidad de individuos de una variedad de trasfondos. La muerte de Cristo proveyó salvación para todos, y el mensaje del evangelio incluía el mandato de amarse unos a otros y vivir en

---

108 Williams, p. 24.

unidad unos con los otros. Williams escribe lo siguiente: "Los miembros de estos grupos de Jesús eran desafiados a verse a sí mismos y a comportase con los demás como si fueran hermanos, es decir, como hijos del mismo Padre en los cielos, sin importar su origen étnico, su estatus, o diferencias de género.[109] Sin embargo, este nuevo orden requirió una transformación de los patrones culturales de la época, que dividió a las personas en estrictos roles y categorías.

La cabeza y dueño de la casa, por ejemplo, manejaba una posición de autoridad tan fuerte que era posible que se desarrollaran relaciones no sanas. La reunión en las iglesias en las casas no transformaba automáticamente las estructuras sociales de la época.[110] La mayoría de esclavos eran segregados en la típica casa romana.[111] Cuando el dueño de una casa que tenía esclavos se convertía y se reunía la iglesia en la casa para adorar y celebrar La Cena del Señor, se podía desarrollar fácilmente tensión entre las personas de distintos estatus sociales debido al llamado al nuevo orden de Cristo, el cual declaraba que ya no hay "ni esclavo ni libre" (Gálatas 3:28).

Un ejemplo es Onésimo y Filemón. Onésimo, el esclavo de Filemón se convirtió en un hermano en Cristo. Pablo deja claro que Filemón ya no era sólo el amo terrenal, sino que también era igual que Onésimo y por lo tanto podía incluso ser exhortado por éste. (Filemón 8-19). Karl Sandnes escribe:

Pablo está luchando por expresar cuál es la nueva identidad de Onésimo en relación a su amo. Primero él niega que sea "esclavo" la palabra apropiada para esta nueva relación. Onésimo se ha convertido en el hermano de Filemón en todos los aspectos. Tanto Filemón como Onésimo tienen

109 Ibid., p. 36.
110 Gehring, p. 295.
111 Williams, p.27.

un nuevo estatus adscrito a ellos. Ambos le deben a Pablo el apóstol, su fe en Cristo… En el Señor, el amo y su esclavo han entrado en una relación con Dios (versículos 3,4) en términos iguales, así como entre ellos mismos. Ellos ahora son hermanos por igual.[112]

En Romanos 16:3-15, la lista de iglesias en las casas y de grupos muestran la inmensa diversidad que existía también dentro de la red de grupos basados en hogares dentro de la misma ciudad. Más de la mitad de los nombres están en latín (ej. Urbanus) o en griego (ej. Hermes), sugiriendo esto, que había más Gentiles que Judíos (ej. Herodión, María). Los nombres de algunos miembros sugieren que son provenientes de lugares tan lejanos como Persia (ej. Persis) y África (ej. Rufus). Además, varios nombres son comunes entre los esclavos (ej. Ampliatus, Julia, Urbanus). Deben haberse presentado desafíos prácticos al crear una comunidad amorosa, unida y de fe con tales diversidades socioeconómicas y culturales.

El mensaje transformador del evangelio proclamaba una nueva familia de Dios, en la que cada miembro era un hijo de Dios con todos los derechos del Reino. Pablo les dice a las iglesias en las casas de Galacia:

> Todos ustedes son hijos de Dios mediante la fe en Cristo Jesús, porque todos los que han sido bautizados en Cristo se han revestido de Cristo. Ya no hay judío ni griego, esclavo ni libre, hombre ni mujer, sino que todos ustedes son uno solo en Cristo Jesús. Y si ustedes pertenecen a

---

112 Karl Olav Sandnes, "Equality within Patriarchal Structures," in *Constructing Early Christian Families*, ("Igualdad dentro de las Estructuras Patriarcales", en Contruyendo las Primeras Familias Cristianas), Halvor Moxnes, ed. (London: Routledge, 1997), p. 157.

Cristo, son la descendencia de Abraham y herederos según la promesa (Gálatas 3:26-29).

En Jesús las rígidas distinciones sociales cesaron de existir. En el pequeño ambiente tipo familiar de la iglesia en la casa, los individuos de diferentes trasfondos sociales se unían en una nueva comunidad, pero ésto no era siempre fácil. Sin embargo mediante el poder de Dios, las iglesias en las casas desplegaban un nuevo orden amoroso de humildad y de servicio. La manera en que los cristianos vivían en comunidad unos con los otros, a pesar de sus diferencias sociales, generó un profundo impacto.

ALCANCE OIKOS

Mientras Jesús transformaba a las personas, éstas se comportaban de diferente manera en sus relaciones con el *oikos*. Los esposos amaban a sus esposas, los esclavos eran tratados con dignidad, las parejas casadas se sometían entre ellos, y el amor reinaba supremamente. Los amigos y los vecinos eran atraídos hacia esta nueva comunidad transformada. Hellerman escribe:

El movimiento atrajo a las personas debido al comportamiento de los cristianos entre ellos y hacia aquellos que estaban fuera de la iglesia. Sí, las creencias cristianas eran atractivas… La iglesia primitiva era un grupo de familia fuerte de hermanos sustitutos que vivían su sistema de creencias en una forma práctica y sabia.[113]

El alcance evangelístico principal era lo atractivo de la vida en comunidad que los primeros creyentes proyectaban. Las

---

113 Hellerman, p. 106.

personas podían ver de cerca los cambios ya que la vida en comunidad se vivía abiertamente. El atractivo de esta nueva sociedad se expandió a través de todo el mundo mediterráneo. Cuando las personas notaban cómo las vidas eran cambiadas y cómo los creyentes se vinculaban entre ellos, estos creían al mensaje del evangelio. Los cristianos se reunían en hogares para instruirse mutuamente, estudiar, orar y utilizar sus dones espirituales. Sus vecinos paganos eran testigos de cómo Cristo había establecido un nuevo orden— uno basado en el amor y en relaciones de cuidado mutuo.[114] Osiek y Balch escribe:

También es posible pero no es probable que en una *domus* [casa grande], los vecinos no se hayan dado cuenta de lo que sucedía. Pero seguramente en el caso de reuniones en una *insula* [apartamento], no se habrían podido mantener éstas en secreto, pues todos en ese edificio se darían cuenta de lo que sucedía con sus vecinos. 1 de Corintios 14:23 parece sugerir que los de afuera con regularidad eran invitados o deambulaban en medio de las reuniones de los cristianos. Sería entonces un error imaginarse cada reunión cristiana, en esta época, en una casa privada y espaciosa, o aún llevándose a cabo en completa privacidad.[115]

Dios diseñó a las primeras iglesias en las casas para que fuesen una demostración práctica de su poder para transformar el orden social. Las iglesias en las casas eran un terreno de entrenamiento para la comunidad cristiana y un ejemplo de vivir para Cristo. Gehring escribe:

---

114 Ray Stedman, *Body Life* (Vida del Cuerpo) (Glendale, CA: Regal Books (Libros Regal), 1972), 108.
115 Osiek y Balch, pp. 34-35.

El antiguo *oikos* con su red de relaciones proveía una oportunidad muy favorable para los contactos evangelísticos. En esta plataforma debió haber sido bastante natural pasar el mensaje cristiano de persona a persona (de un dueño de una casa a otro, de un esclavo a otro, etc.). Por ejemplo, una invitación para una comida en el hogar habría creado una oportunidad para cultivar las conexiones y profundizar en las relaciones. Los primeros cristianos de seguro hubieran conversado sobre la fe y sus hogares— en cierto sentido, es evangelismo de casa en casa.[116]

La familia extensiva era el centro de la congregación, lo que explica la rápida expansión del movimiento cristiano[117] Gerhard Lohfink escribe: "La familia natural, la cual constituía el foco central de las muchas casas, estaba abierta y unida a un contexto más amplio: la nueva familia de la comunidad."[118]

El apóstol Pablo, más que nadie, fue el responsable de llevar el mensaje cristiano, del mundo del judaísmo hacia el mundo greco-romano. Pablo no sólo tuvo que trabajar con estrategias para el evangelismo en las ciudades que él visitaba, sino también con estrategias para madurar a sus convertidos y para desarrollar líderes. Las Escrituras nos dicen que Pablo hacia estas cosas en las casas (Hechos 20:20).

Pablo generalmente convertía a los dueños de las casas, para que los creyentes se pudieran reunir y se edificaran unos a otros en la fe. Los hogares de estos convertidos proveían un lugar de reunión y la base para organizar la vida en la iglesia. Pablo dependía de la hospitalidad de estos convertidos, quienes eran esenciales para su misión.

---

116 Gehring, p. 92.
117 Ibid., p. 193.
118 Lohfink, p., 263.

Él afirmaba el liderazgo de aquellos que eran los responsables de cada grupo y los continuaba supervisando por medio de visitas personales, mandándoles delegados y a través de las cartas. Pablo actuaba rápida y decisivamente cuando notaba problemas doctrinales. La estrategia de Pablo es evidente en Corinto en la casa de Estéfanas. Él fue bautizado como la cabeza de su hogar junto con su *oikos* (1 de Corintios 1:16). Pablo le llama a su casa, los primeros convertidos de Acaya (1 de Corintios 16: 15-16). Esto significa que Pablo consideraba que su casa había abrazado la fe cristiana a través de la conversión de Estéfanas. Toda la casa de Estéfanas se dedicó a ministrar a la iglesia.

De acuerdo a Hechos 16:15, un evento similar tuvo lugar en la casa de Lidia. Lidia, probablemente siendo una viuda que continuó con el negocio de su marido, fue convertida junto con toda su familia: "Cuando fue bautizada con su familia, nos hizo la siguiente invitación: 'Si ustedes me consideran creyente en el Señor, vengan a hospedarse en mi casa.'" Michael Green escribe:

La familia resultó ser el medio fundamental de evangelismo dentro de los grupos naturales, cualquiera hubiera sido el primer miembro ganado para la fe. Por supuesto que era preferible que el padre fuera el primer convertido, pues luego él traería a toda la familia con él. Ésto es lo que sucedió en el caso de Cornelio al contemplar un cambio de superstición. Él reunió a sus parientes de sangre, a sus esclavos y a sus amigos, y juntos escucharon la predicación de Pedro... Lo mismo sucedió en el caso de Lidia, una vendedora de textiles de Tiatira que operaba en ese momento en Filipos. Toda su casa (no hay duda que también los esclavos junto con algunos hombres libres, pero en este caso, sin esposo e hijos pues parece que no se había casado) fue bautizada. Lo mismo sucedió con la

familia del carcelero de Filipos cuando él profesó la fe. Era
lo natural por hacer.[119]

La conversión, sin embargo, no siempre se daba en las
familias enteras. Algunas veces sólo el esposo se convertía, otras
veces sólo la esposa. El Nuevo Testamento provee poca
información sobre las tensiones intrafamiliares causadas por la
conversión de individuos. Sin embargo, los escritores del Nuevo
Testamento, claramente nos dicen, que existían problemas en
los matrimonios en los que sólo uno de los dos era cristiano, y
en familias donde el esclavo era creyente (1 Corintios 7:10-16).[120]

MINISTERIO URBANO

Muchos creyentes eran añadidos a la iglesia durante el período
apostólico (35-120 DC). El misiólogo Robert T. Glover, escribe:
"En base a toda la información disponible, se ha estimado que
al cierre del período apostólico el número total de discípulos
cristianos habían llegado medio millón."[121]

A pesar que todos los historiadores creen que el cristianismo
primitivo creció sustancialmente, no todos creen que sucedió
tan rápido. Por ejemplo, Rodney Stark, escribiendo como
sociólogo, estima que el crecimiento cristiano fue mucho más
bajo al final del período apostólico, pero que para el año 350
DC los cristianos eran en número "muchos millones."[122]

119 Green, Ubicación Kindle 3652-3658.
120 Sandnes, *Constructing Early Christian Families* (Construyendo las Primeras
Familias Cristianas), p.154.
121 Como fue citado por Patzia, p. 142.
122 Rodney Stark, *Cities of God* (Ciudades de Dios) (New York: Harper Collins 2009),
Edición Kindle p. 64.

En todo caso la iglesia creció a través del tiempo y parte del crecimiento explosivo del cristianismo ocurrió porque se convirtió en un movimiento urbano. Tal como escribe Wayne Meeks: "Una década después de la crucifixión de Jesús, la cultura de pueblo de Palestina se había quedado muy atrás, y la ciudad greco-romana se convirtió en el ambiente dominante del movimiento cristiano."[123]

Las redes de las iglesias en las casas se infiltraron en los grandes centros urbanos de Roma y continuaron su expansión y crecimiento. Osiek and Balch dicen: "Hay que tener en cuenta que la vasta mayoría de personas, tal vez, hasta el noventa por ciento en las ciudades más grandes, vivían en las habitaciones más reducidas de la ínsula o en apartamentos de una o dos habitaciones atestadas por encima o por detrás de tiendas o negocios."[124] Cuando mayor población tuvo, Roma pudo haber tenido un millón de habitantes. Las Iglesias en las casas—o siendo más precisos, las Iglesias en los apartamentos—se expandieron a través de estas densas ciudades, y Cristo transformó a los habitantes.

Dado que el Imperio Romano conquistó muchas naciones, cerca de dos millones de esclavos vivían en la región. La esclavitud en el mundo mediterráneo no era específica en cuanto a la raza ni racista. La mayoría de los esclavos trabajaban como sirvientes domésticos o personales.[125]

Las ciudades greco-romanas eran generalmente sucias y sobrepobladas. Eran comunes las muchas personas sin hogar, la pobreza y los conflictos étnicos violentos. Las ciudades eran

123 Wayne Meeks, *First Urban Christians: The Social World of the Apostle Paul* (Primeros Cristianos Urbanos: El Mundo Social del Apóstol Pablo)(New Haven, CT: Editorial de la Universidad de Yale, 1983), p. 11, tal como se citó en Rodney Stark, *The Rise of Christianity* (El Ascenso del Cristianismo) (San Francisco, CA: Harper SanFrancisco, 1997), p. 129.

124 Osiek y Balch , p. 31.

125 Williams, p. 25.

un crisol de diversidad étnica. Además de la miseria física, las ciudades greco-romanas sufrían por el caos social, altos índices de mortalidad, y una constante afluencia de inmigrantes. El constante arribo de recién llegados reflejaba una extraordinaria diversidad étnica.[126] No obstante, los diversos grupos no se integraban, sino que creaban y mantenían sus propios enclaves por separado—dando esto lugar a frecuentes batallas por el territorio y a veces disturbios.

Con excepción de Roma, las ciudades eran pequeñas y muchas personas sufrían por vivir una vida demasiado en intimidad y con insuficiente privacidad.[127] Reta Finger escribe:

Las ciudades demandaban un alto nivel de participación comunitaria. Desde las calles estrechas, callejones aún más estrechos conducían a patios. . . La unidad residencial básica era un patio alrededor del cual una o más filas de casas colindaban entre sí. La mayoría de los patios eran comprados conjuntamente por varias familias, o por una gran familia extensiva.[128]

La vida era difícil para la mayoría con pocas posesiones. Algunas casas eran más grandes, pero muchas familias vivían en una sola habitación. Era común que una familia extensiva compartiera una casa, dividiendo las habitaciones en unidades familiares más pequeñas. Gran parte de lo que se cocinaba se hacía afuera y el comedor era la habitación más grande en la casa.[129]

A pesar de que estas ciudades no eran tan grandes como las ciudades hoy en día, éstas fueron a menudo más densamente

---

126 Stark, *Cities of God* (Ciudades de Dios), pp. 28-29.
127 Ibid., pp. 28-29,.
128 Finger, p. 121.
129 Ibid., pp. 121-122.

pobladas. Mientras que sólo Roma y Alejandría tenían más de ciento cincuenta mil personas, muchas ciudades tenían menos de cincuenta mil. Sin embargo, estas ciudades cubrían áreas muy pequeñas, y como resultado, la gente se encontraba aglutinada. Antioquía tenía una población de alrededor de cien mil, pero era de sólo dos millas de largo y una milla de ancho. Esto significa que vivían 78.2 personas por acre (78.2 personas por 0.004 km^2), pero esto no incluía el espacio dedicado a los templos, edificios públicos y calles. La densidad aumentaría a ciento treinta personas por acre si estos otros espacios se añadieran. Esta es una densidad mayor que la de Calcuta hoy en día.[130]

Aunque estas estadísticas para Antioquía parezcan asombrosas, Roma estaba mucho más abarrotada. Se estima que entre 200 a 300 personas estaban aglutinadas en un acre cuadrado. Esto sería similar a una playa caliente llena de gente en la fiesta del año más popular hoy en día, con personas aglutinadas en cada espacio disponible.[131]

A pesar de las condiciones indeseables, el alquiler era caro, sobre todo en Roma. Se estima que una habitación normal costaba cuarenta *denarios* al mes. Puesto que un trabajador promedio sólo ganaba un denario por día, las familias tenían que compartir el espacio y recoger el dinero en un fondo común.

La mayoría de los bloques de apartamentos se hacían con madera y ladrillo de barro, lo que los hacía propensos a incendios y a colapsar. Los pisos superiores no tenían calefacción ni agua, y a veces, sólo tenían lavatorios. Por supuesto, la mayoría de las

---

130 Stark, *Cities of God* (Ciudades de Dios), p. 27.
131 Ibid., pp. 26-27.

ciudades reservaban espacio para los jardines, baños y plazas de la ciudad.[132] Wayne Meeks escribe:

La privacidad era poco frecuente en estas pequeñas casas en una zona tan densa. Por ejemplo, en Roma, la mayoría de personas vivía en apartamentos pequeños llamados insulae, que estaban en malas condiciones, con una cuota de renta alta. La mayoría de personas vivía en las calles y aceras. La casa era para dormir y para guardar las pertenencias de cada quien. La privacidad no era posible para la persona común y corriente. La vida pasaba frente a los vecinos.[133]

Es crucial comprender que en el mundo antiguo, la vida pasaba frente a los vecinos. En nuestro mundo privatizado, es difícil imaginar lo que experimentó la iglesia primitiva. Los miembros de la casa ofrecían amor y esperanza en medio de la miseria. Las personas podían imaginarse una mejor forma de vida, y estas reuniones ayudaban a que la ciudad fuera más tolerable. En este denso y público entorno, existían muchas oportunidades para compartir el evangelio. El apóstol Pablo dice que él predicó públicamente y de casa-en-casa (Hechos 19:8-12; 20:20).

---

132 Reta Halteman Finger, *Roman House Churches for Today: A Practical Guide for Small Groups*(Iglesias en las Casas Romanas para Hoy: Una Guía Práctica para Grupos Pequeños) (Grand Rapids, MI: Eerdmans, 2007), Ubicación Kindle 345-349.

133 Wayne Meeks, *The First Urban Christians: The Social World of the Apostle Paul*(Los Primeros Cristianos Urbanos: El Mundo Social del Apóstol Pablo) (New Haven, CT: Editorial de la Universidad de Yale , 1983), p. 29, Tal como se citó en Hae Gyue Kim, *Biblical Foundations for the Cell-Based Churches Applied to the Urban Context of Seoul, Korea* (Fundamentos Bíblicos para las Iglesias Basadas en Células, Aplicados al Contexto Urbano de Corea del Sur) (Pasadena, CA: Fuller Theological Seminary[Seminario Teológico Fuller], 2003), p. 89.

La predicación pública trajo a la existencia a muchas iglesias en las casas, pero luego la estructura de la red *oikos* a través del ministerio de casa-en-casa sostuvo el crecimiento. La reunión en la casa no sólo se encargó de los convertidos, sino que también se convirtió en un puesto de avanzada para atraer a la gente del vecindario. El alcance urbano de los primeros creyentes los puso en contacto con personas de toda clase social. Osiek y Balch escriben:

El perfil del cristianismo no era el de un grupo altamente selectivo, educado, o de alto estatus. Por el contrario, aunque habían algunos miembros de alto estatus, probablemente todos los cuales funcionaban como patrocinadores de las iglesias en las casas y después de la iglesia local organizada, la iglesia animaba y daba la bienvenida a los de condición modesta y les ofrecía no un sistema esotérico y sofisticado de creencias, sino uno que se enseñaba gratuitamente a todos y que todos podían comprender.[134]

De hecho, a menudo el cristianismo del principio se expandió en las clases bajas en medio de un entorno urbano. Pablo les dice a los corintios que no muchos eran sabios ni de un estatus alto, pero algunos sí lo eran. Los cristianos, por supuesto no eran inmunes a su cultura, sino una parte integral de ella. Gehring escribe:

Las iglesias en las casas correspondían estrechamente con la antigua sociedad que les rodeaba, tal como el antiguo *oikos* reflejaba el orden social de la época, (estatus, rango,

---

134 Osiek y Balch , p. 162.

posición, clase, profesión) integrado por casi todos los distintos estratos sociales. Como resultado, la composición del primer movimiento cristiano no se limitaba a grupos específicos de la población. Los cristianos, por lo tanto, fueron posicionados para alcanzar con el Evangelio todos los niveles de la sociedad... La integración de la iglesia en la casa dentro del *oikos* tuvo un efecto positivo no sólo para la difusión del evangelio, sino que también permitió la continuidad, la duración y la tradición. Con la integración dentro de las infraestructuras del *oikos*, la iglesia cristiana llegó a ser capaz de sobrevivir a largo plazo y se le dio la posibilidad de hacer la transición de una generación a la siguiente.[135]

Osiek y Balch notan lo siguiente: "Son los niveles intermedios (pero no la clase media), entre la élite y aquellos que no tienen ningún estatus, dónde se deben ubicar la mayoría de los primeros cristianos.[136] Los seguidores de Cristo desafiaron la cultura que les rodeaba, la cual se encontraba atada por las distinciones sociales.

CRISTIANISMO EN LA PUERTA DE AL LADO

Dios utilizó el antiguo *oikos* para extender el evangelio a través del Imperio Romano. Los primeros creyentes modelaron vidas transformadas y valores distintivos que iban contra la cultura del resto de la sociedad. No obstante, en estos ambientes urbanos y aglutinados, las personas podían ver el cristianismo de cerca. Ellos veían y escuchaban sobre los testimonios de aquellos que habían sido transformados por el evangelio, y

---

135 Gehring, p. 292.
136 Osiek y Balch, p. 97.

luego deseaban experimentar a Cristo por sí mismos. En vez de separar a los creyentes de su propia cultura, Dios transformó a las personas viviendo con la estructura de familia de esos días. Sin embargo, para mantener el joven movimiento sin que se quemara, Dios proveyó un liderazgo con raíces profundas para que guiara el movimiento y lo mantuviera en rumbo.

Capítulo Siete

LIDERAZGO ECLESIAL:

DESARROLLANDO MINISTROS
DESDE LA ESTRUCTURA DE
LA CASA

Cuando pensamos en el liderazgo de la iglesia, generalmente proyectamos nuestra experiencia actual en los pasajes de las Escrituras sobre el liderazgo. Por ejemplo, Pedro exhorta a los ancianos a cuidar como pastores el rebaño de Dios que está a su cargo, a no ser tiranos con los que están a su cuidado, sino a hacerlo con humildad y con temor de Dios, sabiendo que cuando aparezca el Pastor supremo, recibirán la inmarcesible corona de gloria aquellos que lo hayan hecho fielmente (1 Pedro 5:1-11).

Alguien que lea este pasaje desde un trasfondo Bautista podría imaginarse que Pedro tenía en mente una política bautista y podría olvidarse fácilmente con quién estaba hablando Pedro y cuáles eran los roles de liderazgo que realmente existían en el siglo primero. Los presbiterianos, por otra parte, tienen otra perspectiva de la autoridad que tiene un anciano y probablemente estudiarían 1 Pedro 5 mientras usan sus anteojos de lectura del siglo veintiuno. En otras palabras, todos tenemos la tendencia de interponer automáticamente nuestras propias experiencias en la Biblia, en lugar de comenzar con los principios del primer siglo y aplicar esos principios al siglo veintiuno.

Pero, ¿qué sucedería si comenzáramos con la cosmovisión del primer siglo y nos moviéramos avanzando en el tiempo hasta nuestras circunstancias actuales? ¿Qué pasaría si dejáramos que los patrones que existían antes criticaran y moldearan lo que hacemos hoy en día? Si estamos dispuestos a hacer esto, la narrativa bíblica instruirá y criticará nuestros propios modelos de liderazgo.

Así que, ¿cómo emergió el liderazgo en la iglesia primitiva? ¿Cuáles fueron las características claves que buscaron Pablo y los demás escritores del Nuevo Testamento?

SUPERVISIÓN APOSTÓLICA

Jesús entrenó a los primeros líderes de la iglesia—a sus propios discípulos. En Hechos 6:2, las Escrituras narran: "Así que los doce reunieron a toda la comunidad de discípulos y les dijeron: 'No está bien que nosotros los apóstoles descuidemos el ministerio de la palabra de Dios para servir las mesas.'"

Pedro mantenía una posición de preeminencia entre los doce (Hechos 1-12; Gálatas 1:18).

No sólo era Pedro el líder de la iglesia en la casa del aposento alto, sino que también dirigía la iglesia de Jerusalén. Pedro probablemente dirigía el equipo de apóstoles en Hechos 6, cuando los doce le pidieron a la multitud que encontraran a siete líderes. No obstante, ya no escuchamos sobre Pedro después del primer concilio en Jerusalén (Hechos 15). Lo más probable es que haya tenido que dejar el equipo de liderazgo en Jerusalén debido a la persecución.[137]

Después que desaparece Pedro, el manto de liderazgo pasó a Santiago, el hermano del Señor. Santiago emergió para ser el anciano principal de la iglesia de Jerusalén, tal como lo podemos ver en el concilio de Jerusalén en Hechos 15:13, donde él asume autoridad y da su pronunciamiento final a la pregunta sobre la gracia versus seguir la ley.[138]

A pesar que Pablo no se encontraba entre los doce, Jesús ciertamente se le apareció de manera personal y le dio una comisión apostólica (1 de Corintios15:1-11; Hechos 9:1-19). El ministerio apostólico de Pablo se enfocaba principalmente en el mundo gentil mientras que el de Pedro y Santiago se enfocaba en el de los judíos convertidos (Gálatas 2:7-8). Pablo plantó iglesias en las casas por todo el mundo romano, y desarrollo liderazgos en medio de sus convertidos, y luego fue mentor de los nuevos líderes mientras el cristianismo continuaba expandiéndose. Por ejemplo, después de plantar iglesias por todo el imperio, Pablo le dice a su equipo: "Volvamos a visitar a los creyentes en todas las ciudades en donde hemos anunciado la palabra del Señor, y veamos cómo están… y viajó por Siria y Cilicia, consolidando a las Iglesias" (Hechos 15:36, 41).

Debido al crecimiento de la iglesia primitiva, la necesidad por liderazgos se expandió rápidamente. Una de las primeras veces en que hubo escasez de liderazgos ocurrió en Hechos 6, donde vemos a las viudas de los judíos griegos desatendidas en la distribución diaria de los alimentos. Los apóstoles les pidieron a los discípulos que escogieran a líderes entre ellos. Lo más probable

---

137 Gehring, p. 100.
138 Patzia, Edición Kindle, p. 155.

es que los discípulos eligieron a siete líderes entre lo que tenían capacidad de liderazgo ya comprobado en la estructura de la iglesia en la casa.[139] Los primeros apóstoles proporcionaron el liderazgo mundial pero dependían de los líderes de las iglesias en las casas para pastorear y cuidar el resto de la iglesia del Señor. Los autores de *Home Groups and House Churches* (Grupos de Hogar e Iglesias en las Casas), escriben:

> En el periodo apostólico, eran los apóstoles quienes daban la guianza general a la vida de las iglesias en las casas; los primeros once bajo el liderazgo de Santiago en Judea y Pablo con los gentiles, y Pedro moviéndose en los dos ámbitos. Había cierta autoridad que emanaba de sus ministerios. De otra manera, el liderazgo en las iglesias se centraba en el anfitrión y/o el líder. Existía una variedad de roles de liderazgo y de funciones en las diversas congregaciones en las casas: obispos (supervisaban), pastores, ancianos, profetas, maestros, y diáconos. Pudo haber habido alguna distinción entre las funciones del obispo, de los ancianos y de los diáconos pero estos roles no habían sido formalizados de una manera definitiva en la era del Nuevo Testamento.[140]

INCUBANDO LÍDERES EN LA ESTRUCTURA DE LA IGLESIA EN LA CASA

Las primeras iglesias en las casa eran las incubadoras para el liderazgo. A menudo la persona que habría su casa asumía el rol de liderazgo. William Lane llega a la siguiente conclusión:

---

139 Gehring, p. 97.
140 Hadaway, DuBose, Wright, p. 68.

El anfitrión que poseía los recursos y la iniciativa para invitar a la iglesia a su casa asumía la mayor responsabilidad de liderazgo que derivaba del patrocinio ofrecido. Estas incluían importantes tareas administrativas, tales como el suministro de las comidas de la comunidad, la extensión de la hospitalidad a los misioneros que viajaban y a otros cristianos, la representación de la comunidad fuera del ámbito doméstico, además de la supervisión pastoral y la gobernanza... quienes actuaban como patrones, en cierto sentido también estaban involucrados en el gobierno de la comunidad.[141]

Muchos se admiran de la rapidez con la que Pablo desarrolló el liderazgo en la iglesia primitiva. En las iglesias que plantaba Pablo no vemos estructuras formales de liderazgo. ¿Por qué? Porque Pablo utilizó la estructura del *oikos* para desarrollar el liderazgo de manera natural. Gehring escribe: "Para la congregación que se reunía en una casa, la estructura de liderazgo ya se encontraba en su lugar desde un principio, esta había sido construida anticipadamente dentro de la estructura social del *oikos*."[142]

No leemos acerca de una instalación oficial de líderes de iglesia porque en realidad no era necesario ya que los mismos dueños de las casas abrían sus hogares. Los líderes emergieron desde dentro del entorno de las iglesias en las casas. Por

141 W.L. Lane, "Social Perspectives of Roman Christianity during the Formative Years from Nero to Nerva: Romans, Hebrews, 1 Clement," (Perspectivas Sociales del cristianismo romano durante los años formativos desde Neron hasta Nerva: Romanos, Hebreos, 1 Clement) pp. 211-212, tal como fue citado en Andrew D. Clarke, *Serve the Community of the Church* (Sirve a la Comunidad de la Iglesia) (Grand Rapids, MI: Eerdmans, 2000), p. 164.
142 Gehring, p. 201.

supuesto, estos líderes tenían que ser aceptados por los miembros de la iglesia en la casa y por Pablo.[143] Giles escribe:

> Un ejemplo de cómo podía empezar una iglesia en una casa tal como esas, se ve en Hechos 17:1-9, donde leemos sobre los primeros cristianos en Tesalónica quienes encontraron en la casa de Jasón un centro para sus reuniones. El "jefe" de tal casa, naturalmente sería reconocido por tener la supervisión de la nueva iglesia. Su posición social le daría preeminencia en el grupo; su cercanía con el apóstol que fundó la iglesia y buscó su ayuda, le añadiría a su posición. Y mientras pasaba el tiempo, el hecho que él era el primero(o uno de los primeros) convertidos mejoraría aún más su posición en el grupo.[144]

A menudo los dueños de estos hogares tenían construido su oikos[145] y el evangelio penetraba en toda la casa. El liderazgo natural produjo crecimiento rápido y reproducción. He notado esta misma dinámica en la mayoría de iglesias celulares en crecimiento alrededor del mundo. Los líderes son desarrollados naturalmente desde dentro de la estructura celular y finalmente se convierten en líderes debido a su fidelidad y a los frutos que producen en el ministerio.

Aquellos líderes que surgieron de las casas recibieron ese título después. En 1 Tesalonicenses 5:12-13, Pablo dice: "Hermanos, les pedimos que sean considerados con los que trabajan arduamente entre ustedes, y los guían y amonestan en el Señor. Ténganlos en alta estima, y ámenlos por el trabajo que hacen." Pablo, acá está hablando de líderes de iglesias en las

---

143 Ibid., p. 298.
144 Kevin Giles, *Patterns of Ministry among the First Christians* (Patrones del Ministerio entre los Primeros Cristianos) (Melbourne, Australia: Collins Dove, 1989), p. 31.
145 Gehring, p. 198.

casas, pero él no consideró que valía la pena mencionar sus títulos exactos. En otras palabras ellos se desarrollaban orgánicamente dentro de la estructura de la iglesia en la casa.[146] Harry Maier argumenta persuasivamente que debemos fijarnos en la familia, en el entorno social en el que las iglesias se reunían para derivar de allí los orígenes de las estructuras de liderazgo.[147] Por supuesto, muchos otros surgieron como líderes de iglesias en las casas al lado de los dueños de los hogares, pero es importante saber que a menudo los anfitriones se duplicaban como líderes de las iglesias en las casas.

En 1 Corintios 16:15-16, Pablo dice: "Bien saben que los de la familia de Estéfanas fueron los primeros convertidos de Acaya, y que se han dedicado a servir a los creyentes. Les recomiendo, hermanos, que se pongan a disposición de aquéllos y de todo el que colabore en este arduo trabajo." Pablo desafió a los Corintios a someterse a Estéfanas y a aquellos que trabajan duramente para la iglesia. Estéfanas puso su casa a disposición de los creyentes y proveía cuidado al grupo. Arthur G. Patzia escribe:

Recientemente, algunos estudiosos han conectado el liderazgo local y congregacional con la cabeza de la familia donde la iglesia se reunía. Tal podría ser el caso con Estéfanas así como con Priscila y Aquila (Romanos 16:3-5; 1 Corintios 16:19) y Filemón y Apia (Filemón 1-2).[148]

---

146 Gehring, p. 198.
147 Harry O. Maier, *The Social Setting of the Ministry as Selected in the Writings of Hermas, Clement and Ignatius* (El ÁmbitoSocial del Ministerio tal como fue Seleccionado en los Escritos de Hermas, Clement e Ignacio) (Disertaciones SRI; Waterloo, ON: Wilfrid Laurier Editorial Universitaria, 1991), pp., 4, 148-53, 155-56, 187.
148 Arthur Patzia, *The Emergence of the Church: Context, Growth, Leadership & Worship* (El Surgimiento de la Iglesia: Contexto, Crecimiento, Liderazgo y Adoración) (Downer's Grove, IL: InterVarsity, 2001), pp. 160-161.

Los escritores de *Home Cell Groups and House Churches* (Grupos
Celulares en los hogares e Iglesias en las Casas) dicen lo siguiente:

> Lo que parece claro en el Nuevo Testamento es que a la
> par de los mismos apóstoles, los líderes de las iglesias en
> las casas eran lo más importante en términos de la vida en
> curso que llevaba la iglesia. Dado que no existía una
> verdadera distinción entre el clero y los laicos en el Nuevo
> Testamento y ya que todos los líderes tenían otras
> vocaciones, es difícil distinguir los "tipos de ministerios"
> (Priscila y Aquila) y los "tipos laicos" (Filemón y Ninfa).
> No hay duda que algunos de los líderes de la iglesia en la
> casa eran obispos y ancianos, pero no todos aparecen como
> tal.[149]

En el Nuevo Testamento, no encontramos una prescripción
exacta de gobierno de la iglesia porque el liderazgo se desarrolló
natural y espontáneamente. Gehring dice: "En ningún lugar del
Nuevo Testamento encontramos una imagen que se asemeje
de manera cercana a ninguno de los sistemas completamente
desarrollados de hoy en día. Es probable que en esos días el
gobierno de la iglesia no haya sido altamente desarrollado,
ciertamente, las congregaciones locales eran más bien grupos
distantes a los temas sociales y legales."[150]   Gilbert Bilezikian
escribe:

> No importando cuáles hayan sido las estructuras de
> liderazgo que existieron en las primeras iglesias, estas
> fueron no conspicuas, discretas, no se hacían notar, y eran
> flexibles. Pareciera que habían adaptado sus actividades y

---

149 Hadaway, DuBose, Wright, p. 69.
150 Millard Erickson, Christian Theology(Teología Cristiana) (Grand Rapids, MI: Baker,
1998), p. 1094.

su visibilidad a las circunstancias y necesidades locales. Es clara la preocupación por no adelantarse a tener una iniciativa congregacional o a involucrarse. El liderazgo de las iglesias del Nuevo Testamento parece que se mantenía al margen, listo para intervenir sólo en situaciones de necesidad. Ellos son servidores invisibles, cuyo rol es equipar al cuerpo.[151]

Esas primeras reuniones en las casas animaron a todos a participar. Mientras el Espíritu de Dios ministraba a través de cada miembro y cada uno servía uno al otro, Dios desarrollaba a algunos para servir en el rol del liderazgo.

La percepción de Pablo del liderazgo cristiano vino de su comprensión sobre la naturaleza de la iglesia. El veía a la iglesia como al cuerpo de Cristo y todos los roles de la iglesia bajo la autoridad de Cristo, la cabeza de la iglesia.[152] Todos necesitaban mostrarle lealtad a la cabeza, mientras se amaban y se servían fielmente unos a otros.

EL SACERDOCIO DE TODOS LOS CREYENTES OPERANDO A TRAVÉS DE LOS DONES DEL ESPÍRITU

El Espíritu Santo desarrolló y guió al liderazgo de la iglesia primitiva. El ministerio de la iglesia era fluido y dinámico. A los miembros se les animaba a poner en práctica sus dones espirituales, para el bien común de todo el cuerpo, y los líderes

---

151 Bilezikian, p. 97.
152 Hae Gyue Kim, *Biblical Foundations for the Cell-Based Churches Applied to the Urban Context of Seoul, Korea* (Fundamentos Bíblicos para la Iglesia Basada en Células Aplicados al Contexto Urbano de Seúl Corea) (Pasadena, CA: Fuller Theological Seminary[Seminario Teológico Fuller], 2003), p. 101.

operaban como hombres y mujeres con talentos (Romanos 12:6-8; 1 Corintios 12:8-10, 27-28).

El sacerdocio de todos los creyentes era la norma en la iglesia primitiva, y por esta razón la iglesia primitiva se expandía rápidamente. Gilbert Bilezikian escribe,

> En pocas décadas el movimiento de la iglesia primitiva se expandió como un gran incendio en el mundo antiguo. Uno de los secretos para esta rápida expansión fue el total involucramiento laico en los ministerios de las iglesias locales… El libro de los Hechos y la mayoría de las cartas del Nuevo Testamento están impregnados con la euforia y la vitalidad de las iglesias donde todos se encontraban involucrados en la vida del cuerpo y del ministerio. Por lo tanto, bajo circunstancias normales el apóstol Pablo estaba más interesado en animar a los cristianos a que se ministraran juntos y unos a otros, que en establecer órdenes de jerarquía para su gobierno.[153]

La dependencia en el Espíritu a través de los dones del Espíritu le dio forma a la dirección que tomó la iglesia primitiva. Los dones espirituales mencionados en 1 de Corintios 12-14, Romanos 12:3-8, Efesios 4:7-12, y 1 de Pedro 4:8-11 fueron escritos para aquellos que participaban en las iglesias de las casas. Porque Dios le dio dones a cada individuo dentro de la comunidad, el enfoque era fuertemente igualitario. Todos participaban en construir el Cuerpo de Cristo.[154]

Pablo esperaba que el liderazgo de la iglesia se desarrollara de acuerdo a los dones espirituales, y que al final el Espíritu Santo estableciera a cada miembro dentro del cuerpo de acuerdo a Su voluntad y propósito (1 Corintios 12:11). La iglesia primitiva

---

153 Bilezikian, p. 99.
154 Banks, 1994, p. 148.

creía que el Espíritu era para todos los creyentes y que estaba trabajando activamente a través de cada miembro (Romanos 12:11; 1 Corintios 2:4, 12:7; 12-13; Gálatas 3:5; 5:18, 22; 1 Tesalonicenses 5:19-21).[155] Dios, sí le dio dones a ciertos individuos para que guiaran a su iglesia tal como lo podemos ver en Efesios 4:7-12. Muchos han llamado a esto el ministerio quíntuple, aunque probablemente sea más apropiado llamarle el ministerio cuádruple, dado que el ministerio de pastor-maestro es considerado frecuentemente como un mismo rol. Entre los líderes que tenían dones se incluían a:

- Apóstoles: Los Doce (Lucas 6:13-16), además Matías (Hechos 1:24-26), Pablo (Gálatas 1:1), Bernabé (Hechos 14:14), Andrónico y Junías (Romanos 16:7)
- Profetas: La compañía de Jerusalén (Hechos 11:27-28), Ágabo (Hechos 21:10-11), Judas y Silas (Hechos 15:32) y las hijas de Felipe (Hechos 21:9)
- Evangelistas: Las hijas de Felipe (Hechos 21:9)
- Pastores-Maestros (1 Timoteo 3:1-3, 5:17; Tito 1:5, 7, 9)

Los líderes llenos de dones mencionados en Efesios estaban equipados específicamente para preparar al cuerpo de Cristo para ministrar de una manera más efectiva. En otras palabras, Dios equipó a estos hombres y a estas mujeres para movilizar a la iglesia para el servicio.[156]

---

155 Patzia, pp. 153-154.

156 Tristemente, algunos maestros en el presente han sobre-enfatizado el ministerio quíntuple enseñando que cada iglesia (grande o pequeña) debe tener identificados los cuatro o cinco ministerios, y que sin todos estos dones de liderazgo funcionando, la iglesia local está sentenciada al fracaso. Algunos de estos maestros también infieren que sólo los que tienen un don evangelístico deben evangelizar; sólo los que tienen un don para ser pastor deben pastorear la iglesia local; y sólo los que tienen el don de apóstol deben supervisar la plantación de Iglesias.

El punto principal de Efesios es equipar a los santos para el ministerio. El propósito específico de los hombres y mujeres llenos de dones es equipar al cuerpo de Cristo para el crecimiento y la expansión. El enfoque no se encuentra sobre la persona con sus dones, sino en su ministerio para equipar al cuerpo de Cristo, para que el cuerpo de Cristo sea edificado y movilizado para el servicio. Cualquiera que sea el don que Dios le dé a una persona en particular, el rol principal de esta persona es equipar al pueblo de Dios, para que él o ella posteriormente puedan ministrar de manera más efectiva.

Pablo también menciona otros veinte dones (no sólo cuatro o cinco) y desea que sus lectores sepan que cada miembro de la iglesia en la casa necesitaba ministrar de acuerdo al don que le había sido impartido (1 Corintios 12-14; Romanos 12; Efesios 4:11-12; 1 Pedro 4:8-11). Y ya sea reconocido formalmente o no, cada miembro tenía una parte importante que desempeñar dentro del cuerpo de Cristo (1 Corintios 12:12-26). Los dones espirituales debían edificar el cuerpo de Cristo en unidad y en madurez.

LAS MUJERES EN EL LIDERAZGO DE LA IGLESIA

El Nuevo Testamento muestra a las mujeres como participantes activas en la iglesia. Pedro les recordó a los oyentes en el día de Pentecostés:

Éstos no están borrachos, como suponen ustedes. ¡Apenas son las nueve de la mañana! En realidad lo que pasa es lo que anunció el profeta Joel: "Sucederá que en los últimos días dice Dios, derramaré mi Espíritu sobre todo el género humano. Los hijos y las hijas de ustedes profetizarán, tendrán visiones los jóvenes y sueños los ancianos. En esos días derramaré mi Espíritu aun sobre mis siervos y mis siervas,y profetizarán (Hechos 2:15-18).

Tus hijos y tus hijas profetizarán y soñarán sueños. Pablo dice algo similar en Gálatas 3:28, "Ya no hay judío ni griego, esclavo ni libre, hombre ni mujer, sino que todos ustedes son uno solo en Cristo Jesús." Hablando sobre este texto, Gordon Fee escribe:

En efecto, sobre la base de este texto y el lugar que ocupa en el argumento de Gálatas—donde las distinciones sociales entre las personas en relación con Dios han sido superadas por Cristo y el Espíritu— uno debe argumentar que la nueva creación ha llegado en un momento en que los dones del Espíritu (El Espíritu que es el responsable de acompañar en el nuevo orden) deben preceder los roles y las estructuras, los cuales están en un remanente del antiguo orden que está pasando.[157]

Esta nueva era o nueva creación está enfocada en el *carisma* del Espíritu trabajando a través de ambos, tanto en hombres como en mujeres. Los dones del Espíritu no distinguen el género ni el rol. En Romanos 12:6, donde Pablo habla acerca de los dones del liderazgo, cuando dice "alguien" no se refiere a un género en específico. El liderazgo fue dado para ambos, tanto para hombres como para mujeres.

Pablo y los otros escritores del Nuevo Testamento demuestran el importante rol que jugaban las mujeres en la iglesia del Nuevo Testamento. Aproximadamente un cuarto de los trabajadores de Pablo eran mujeres. Si se añade a Ninfas, mencionada en

---

157 Gordon Fee, "Male and Female in the New Creation,"("Hombres y Mujeres en la Nueva Creación") en *Discovering Biblical Equality*, (Encontrando la Igualdad Bíblica) Ronald W. Pierce and Rebecca Merrill Goothuis, general eds. (Downers Grove, ILL: InterVarsity Press, 2004), p. 185.

Colosenses, y a Lidia, en los Hechos, existe un total de doce mujeres que Pablo menciona visiblemente: Evodia, Julia, Junías, Lidia, María, Ninfas, Pérsida, Febe, Priscila, Síntique, Trifena, y Trifosa.[158] Siete de ellas eran instrumentos claves en el movimiento de la iglesia en la casa de Roma: Priscila, (Romanos 16:3), María (Romanos 16:6), Junías (Romanos 16:7), Trifena, Trifosa, Pérsida (Romanos 16:12) y Julia (Romanos 16:15).

Arthur Patzia, escribe: "La impresión en general desde la perspectiva de Lucas y de Pablo es que las mujeres jugaban un importante rol en la vida, ministerio, y liderazgo de la iglesia primitiva."[159] Pablo trataba a las mujeres con la misma dignidad y valoraba su contribución al ministerio del evangelio. Pablo quería romper las barreras que existían entre los grupos étnicos y las clases debido al género. Su deseo era ver que la iglesia implementara la unidad entre los hombres y las mujeres.[160]

Tal como fue mencionado anteriormente, varias mujeres eran lideresas y anfitrionas de la iglesia en la casa. María la madre de Juan Marcos parece haber sido lideresa de uno de los primeros grupos cristianos, su casa era utilizada para reuniones de la iglesia (Hechos 12:12); La casa de Lidia servía como el lugar de reunión para los primeros creyentes en Filipos (Hechos 16:12-15, 40); en Tesalónica (Hechos 17:4) varias "mujeres que lideraban" respondieron al evangelio; así como lo hicieran otras mujeres griegas en Berea (Hechos 17:12).

El hecho de que Ninfas fuera la anfitriona de una de las iglesias en las casas, muestra que a las mujeres se les permite posiciones de autoridad y liderazgo. Ninfas debió haber sido

158 Gehring, p. 211.
159 Patzia, p. 178.
160 Stanley J. Grenz, Denise Muir Kjesbo, *Women in the Church: A Biblical Theology of Women in Ministry* (Mujeres en la Iglesia: Una Teología Bíblica de las mujeres en el Ministerio)(Downers Grove, IL: InterVarsity, 1995), Ubicación en Kindle 1180-1183.

una persona de posición social y de riqueza, quien tenía una casa grande. Ella era probablemente una viuda que poseía tierras o manejaba un negocio y era la "cabeza" de una familia extensiva que incluía relaciones de sangre, empleados y esclavos.[161] Pablo habla respecto a Febe, "Les recomiendo a nuestra hermana Febe, diaconisa de la iglesia de Cencreas. Les pido que la reciban dignamente en el Señor, como conviene hacerlo entre hermanos en la fe; préstenle toda la ayuda que necesite, porque ella ha ayudado a muchas personas, entre las que me cuento yo" (Romanos 16:1-2). Febe puso a disposición de la congregación su casa como un lugar de reunión, sirviendo como una anfitriona. Ella probablemente tomó sobre sí las responsabilidades del padre ausente. Puede ser que Febe haya tenido un ministerio de enseñar en la iglesia en la casa de Cencreas, y le entregó la carta a los Romanos pero también se las leyó y se las explicó a las iglesias en la casa de Roma.[162] Osiek, MacDonald, y Tulloch han estudiado sobre la posición de la mujer en las primeras iglesias en las casas y llegan a la siguiente conclusión:

Poner un pie en una iglesia en una casa cristiana era ponerlo sobre el mundo de una mujer. Esto era algo cierto aunque el líder de la asamblea fuera un hombre. De allí, que puede ser establecido que las mujeres, probablemente la mayoría viudas quienes tenían una administración autónoma de sus propias casas, eran anfitrionas de las iglesias en las casas del movimiento cristiano del principio.[163]

161 Kevin Giles, *What on Earth is the Church? An Exploration in New Testament Theology* (En esta Tierra,¿Qué es la Iglesia?: Una Exploración en la Teología del Nuevo Testamento) (Downers Grove, IL: InterVarsity, 1995), p. 130. .
162 Gehring, p. 219.
163 Osiek, MacDonald, Tulloch, Edición Kindle, p. 163.

En la iglesia primitiva, las mujeres eran activas evangelistas, colegas, jefas, e incluso apóstoles. Es prácticamente cierto que Pablo se refería a la mujer Junías como a un apóstol en Romanos 16:7. Algunas Biblias traducen este pasaje como refiriéndose al apóstol masculino "Junías."

Sin embargo, Eldon Jay Epp, es un notable erudito del Nuevo Testamento quien recientemente realizó el estudio definitivo de Romanos 16:7 en su libro *Junia: The First Woman Apostle* (Junías: la Primera Mujer Apóstol). Él muestra que (a) existen más de 250 inscripciones del primer siglo sólo en Roma con el nombre femenino de "Junías," (b) no existe evidencia alguna en la literatura griega o romana de ese tiempo sobre el nombre masculino "Junías," (c) no existe ninguna evidencia que el conocido nombre "Junianus" fuera el diminutivo de "Junías" o de ningún otro sobrenombre, (d) la construcción de la redacción griega en este versículo no debe ser traducida como "conocidos entre *los* apóstoles," y (e) prácticamente todos los eruditos bíblicos y los teólogos hasta el año 1300 DC reconocían que "Junías" era ciertamente un nombre femenino.

Consecuentemente después de hacer una exégesis cuidadosa del pasaje, Linda Belleville escribe: "Así la lectura de esta referencia a Junías nos da un ejemplo de una mujer no sólo funcionando como un 'apóstol' en la iglesia del Nuevo Testamento sino siendo altamente estimada como tal por Pablo y sus colegas apostólicos."[164]

Lucas hace referencia al ministerio profético de las hijas de Felipe (Hechos 21:8-9). Pablo y Juan también reconocieron la existencia de mujeres profetas en la iglesia primitiva.[165] Las mujeres oraban y profetizaban en público (1 Corintios 11:5).

164 Linda L. Bellevile, "Women Leaders in the Bible," ("Mujeres Líderes en la Biblia") en *Discovering Biblical Equality* (Descubriendo la Igualdad Bíblica), Ronald W. Pierce and Rebecca Merrill Goothuis, general eds. (Downers Grove, IL: InterVarsity, 2004), p. 120.
165 Patzia, p. 177.

Pablo sugiere que un profeta, al igual que un apóstol eran designaciones para un rol oficial (1 Corintios 12:28-29). Priscila y su esposo Aquila se convirtieron en líderes importantes de la iglesia en diferentes lugares (Hechos 18:18, 26; Romanos 16:3; 1 Corintios 16:19; 2 Timoteo 4:19). En 1 Corintios 16, Pablo habla de Aquila y de Priscila quienes juntos tenían una reunión congregacional en su casa. Priscila es un buen ejemplo de una mujer maestra. Cuatro veces, Pablo y Lucas mencionan antes a Priscila que a su esposo Aquila (Hechos 18:18, 26; Romanos 16:3; 2 Timoteo 4:19). El rol de Priscila como maestra emerge cuando Apolo visita Éfeso. Las Escrituras dicen: "Al oírlo [a Apolos] Priscila y Aquila, lo tomaron a su cargo y le explicaron con mayor precisión el camino de Dios (Hechos 18:24-26). El relato muestra su rol como maestra, y a ella se le menciona antes que a su esposo en relación a la instrucción de Apolos. Apolos era "muy versado en las Escrituras" (Hechos 18:24), por lo que el hecho que ellos le explicaran "con mayor precisión el camino de Dios" significa que debieron tener la pericia para ganar su aceptación. Michael Green dice:

> El Nuevo Testamento nos habla de mujeres trabajando en el evangelismo, actuando como anfitrionas en la iglesia en sus casas, profetizando y hablando en lenguas, y actuando como diaconisas. Esta prominencia en las mujeres continuó, tal como lo hemos visto, hasta el segundo siglo. Algunas veces era ejercitado a través de hablar en público, algunas veces a través del martirio.[166]

Algunos han utilizado 1 Timoteo 3:1 para prohibir que las mujeres trabajen en el ministerio, debido a algunas traducciones

---

166 Green, edición Kindle, p. 247.

como la de la NASB (New American Standard Bible), la cual se lee así: "Es una declaración confiable: si algún hombre aspira al cargo de supervisor, es un buen trabajo el que desea hacer". El problema en el griego, es que la palabra *hombre* en inglés no aparece. En el griego la palabra es *tis*, un pronombre indefinido. Las formas masculinas y femeninas de este pronombre son idénticas, e indistinguibles en cuanto al género aparte del contexto. (La traducción de la NVI es mejor, "si alguno"). Ya hemos visto que la iglesia primitiva era fluida y fluía naturalmente a partir de la estructura de la iglesia en la casa.

A pesar que el Nuevo Testamento no designa directamente a una mujer en específico como anciana u obispo, sí encontramos a mujeres actuando en ese tipo de liderazgo normalmente asociado con estos cargos. Las mujeres ejercitaban la autoridad de los profetas, maestros, y de colegas apostólicos. Stanley J. Grenz y Denise Muir Kjesbo escriben:

> Pablo fácilmente se refirió a mujeres, así como a hombres, como sus colegas. Él nunca advirtió a sus destinatarios a ver sólo a los hombres como poseedores de autoridad o como dignos de honor. Por el contrario, sus lectores debían "ponerse a disposición... de todo el que colabore en este arduo trabajo" (1 Corintios 16:16).[167]

El Nuevo Testamento pinta un panorama más claro del rol de las mujeres dentro del ministerio en la iglesia primitiva. Va más allá del alcance de este libro el proporcionar un estudio a profundidad de los tres pasajes controversiales acerca de las mujeres en el ministerio: 1 Corintios 11-14, 1 Timoteo 2: 8-15,

---

167 Grenz, Kjesbo, pp. 935-937.

y 1 Timoteo 3. Sin embargo, yo sí escribo en detalle acerca de estos pasajes en otra parte.[168]

ROLES DE LIDERAZGO

¿Qué del cargo de Obispo, pastor, y anciano? En la iglesia de hoy estos cargos se han formalizado y oficializado. En el Nuevo Testamento no había una jerarquía de obispo-pastor-anciano, de hecho estos eran términos intercambiables para el mismo rol. Un "obispo/supervisor" (Griego= *episkopos*) también era llamado un "pastor" (Griego= *un poimen*) y un "anciano/ presbítero" (Griego= *presbuteros*), dado que los tres términos en griego se refieren al mismo grupo de personas en los Hechos 20:17, 28 y en 1 Pedro 5:1-5.

Por lo tanto, parece que en la iglesia primitiva, aquellos que asumían estos títulos eran líderes de las iglesias en las casas u obispos de varias iglesias en las casas. Gehring, escribiendo acerca de estos roles dice lo siguiente:

Todo parece indicar que ellos eran obispos de las iglesias que se reunían en sus hogares, bastante parecido a Estéfanas en Corinto; en otras palabras, ellos eran líderes de iglesias en las casas individuales. Juntos como un grupo tales obispos pudieron haber formado un equipo de liderazgo o un consejo para toda la iglesia local en esa ciudad.[169]

Arthur G. Patzia escribe: "A partir de la sobresaliente evidencia es posible concluir que al tiempo en que fueron escritos los pastorales, los obispos eran supervisores de iglesias

168 Yo explico mis convicciones con detalle aquí: http://www.joelcomiskeygroup.com/articles/churchLeaders/women.htm
169 Gehring, p. 206.

en las casas locales, y eran asistidos por un grupo de individuos identificados como diáconos."[170] 1 de Timoteo 3:1-3 y Tito 1:5-6 describen a un supervisor como a un líder hospitalario de una casa, con sus asuntos domésticos en orden. Cuando Pablo dice que el obispo o supervisor debe tener una buena reputación frente a los que se encuentran fuera (1 Timoteo 3:7), lo más probable es que él está pensando en un líder de una iglesia en una casa que se tenía en alta estima en la sociedad local. Si el líder tenía una mala reputación en la ciudad, esto detendría el alcance evangelístico.[171] En las Epístolas Pastorales, vemos a líderes que debían ser un ejemplo de piedad, de una casa bien ordenada frente a una sociedad pagana (1 Timoteo 2:4; 3:15; Tito 3:8).

EQUIPOS DE LÍDERES

La regla en la iglesia primitiva era tener un equipo de líderes que supervisara las iglesias en las casas. Pablo, por ejemplo, les dijo a los líderes de la iglesia de Éfeso que el Espíritu Santo los había hecho "obispos" del rebaño (Hechos 20:28). Cuando escribía a la iglesia en Filipos, Pablo saludaba a la congregación, y separadamente, a los "obispos" (Filipenses 1:1). Cuando él le escribió a Tito, dirigió el nombramiento de los ancianos, a quienes también identificaba con las funciones de "obispos" (Tito 1:5-7). Ya sean designados como un "cuerpo de ancianos" (1 Timoteo 4:14) o simplemente como "ancianos", esta forma de liderazgo siempre era ejercida por un grupo de personas en vez de por un solo individuo (Hechos 20:17; 1 Timoteo 5:17; Tito 1:5; Santiago 5:14; 1 Pedro 5:1-4). Michael Green habla acerca del liderazgo de la iglesia primitiva:

---

170 Patzia, p. 171.
171 Gehring, p. 265.

El liderazgo siempre era plural: la palabra 'presbítero' de donde derivamos la palabra 'sacerdote' es usada regularmente en plural cuando se describe el ministerio cristiano en el Nuevo Testamento. Ellos eran un equipo de liderazgo, que se apoyaban y animaban unos a otros, y sin duda compensando las deficiencias de los demás. Este equipo de liderazgo es muy evidente en los viajes misioneros del Nuevo Testamento, y Hechos 13:1 es particularmente interesante. No sólo indica un liderazgo plural en Antioquía, que consistía de cinco miembros, sino de diversos tipos de liderazgo: algunos eran 'profetas' dependiendo de los dones carismáticos, mientras que otros eran maestros que dependían del estudio de las Escrituras.[172]

Incluso los primeros apóstoles operaban como un equipo. Mientras guiaban la iglesia de Jerusalén, compartían el liderazgo de la congregación con un grupo de ancianos (Hechos 15:4, 6, 22), quienes permanecieron mucho después de que los apóstoles ya no estuvieran (Hechos 21:18).

Los escritores del Nuevo Testamento evitan la idea de uno, de un solo líder. La regla general para las primeras iglesias era tener un equipo de pastores en vez de sólo uno. Además de los obispos y/o ancianos, dos iglesias son mencionadas por tener diáconos (Filipenses 1:1; 1 Timoteo 3: 8,12). No importando cuáles hayan sido sus funciones, sus servicios también eran provistos sobre la base de un liderazgo compartido ya que ellos siempre son mencionados en plural.

Los autores de *Home Cell Groups and House Churches* (Grupos Celulares de Hogares e Iglesias en las Casas) escriben: "Parecería haber habido una pluralidad de líderes en cada congregación— ciertamente en cada comunidad de iglesias en las casas en una

---

172 Green, Edición Kindle p. 25.

determinada ciudad. Por otra parte, estos títulos de liderazgo a menudo parecían intercambiables entre los mismos líderes siendo designados por más de un título."[173]

FLEXIBLE Y REPRODUCIBLE

Nosotros no vemos una estructura jerárquica formal en el Nuevo Testamento como la vemos hoy en día. Los dones del Espíritu fluían entre los miembros de la iglesia en la casa, y los capacitadores que estaban llenos de dones desarrollaban a los santos para continuar con el crecimiento de casa-en-casa.

Ambos, tanto el hombre como la mujer participaban, y los escritores del Nuevo Testamento utilizaban parcamente títulos de liderazgo. Los Ancianos y los diáconos surgieron de la estructura de la iglesia en la casa local.

Equipos de líderes ministrando juntos eran simplemente el resultado del propio ministerio de Cristo, donde Él no sólo desarrolló su propio equipo, sino también mandó a los discípulos en parejas. Y así como se unieron los líderes, las iglesias en las casas no eran entidades independientes, sino más bien entidades conectadas a una red mayor.

173 Hadaway, DuBose, Wright, p. 69.

Capítulo Ocho

REDES ECLESIALES:
CÓMO LAS IGLESIAS SE CONECTARON MÁS ALLÁ DEL HOGAR

En la universidad Bíblica, mi catedrático de homilética nos instruyó a que nos relajáramos con nuestros sermones después de veinticinco minutos porque la mayoría de congregaciones no toleraban más de treinta minutos de mensaje. Yo estuve inmediatamente de acuerdo ya que no estaba seguro si podía encontrar suficiente material para predicar más de treinta minutos.

Sin embargo, al mirar atrás, no recuerdo hablar acerca de cuánto tiempo se tomaban los apóstoles en sus sermones o si se paraban o no detrás de un púlpito. Y, ¿daban ellos sermones? Yo sólo asumí que un sermón de veinticinco minutos era bíblico.

Hice similares suposiciones acerca de los cantos los días domingos, anuncios, saludos, y programas de la iglesia. Tal vez yo no hice suficientes preguntas. Tal vez mis catedráticos en realidad no sabían. Quizá no importaba porque el protocolo del día domingo ya estaba bien establecido en la iglesia protestante, y si era bueno para otras denominaciones, entonces nosotros sólo debíamos seguirlo.

Al volver atrás hasta la iglesia primitiva y preguntar qué hacían en realidad en esas reuniones de celebración, sólo podemos encontrar principios y patrones, en vez de respuestas dogmáticas. También debemos de estar abiertos para permitirle al Nuevo Testamento criticar nuestros patrones hoy.

Encontrar respuestas claras acerca de las reuniones de celebración en la iglesia primitiva no es tan simple, porque las relaciones entre las iglesias en las casas individuales y las iglesias de la ciudad variaban. Sin embargo, sí encontramos evidencia de que las iglesias en las casas disfrutaban de las relaciones entre ellas y que incluso se juntaban periódicamente como una iglesia reunida.

LA CONEXIÓN ENTRE LAS IGLESIAS EN LAS CASAS

En la carta de Pablo a los Corintios, él se dirige a la *ecclesia* individual que se reunía en el hogar de Aquila y Priscila (1 Corintios 16:19), pero también saluda a la *ecclesia* como a un todo (1 Corintios 1:2 y 2 Corintios 1:1). Wayne Meeks escribe: "Pablo imaginaba una conexión entre los convertidos dentro de una ciudad, región, y provincia...Pablo sólo escribió una carta a una ciudad o área, suponiendo que sería suficiente para todos los grupos."

Las iglesias en las casas que Pablo plantó, en otras palabras, eran parte de una unidad más grande. Gehring escribe: "Muchos eruditos del Nuevo Testamento creen que ambas formas— Iglesias en las casas pequeñas y toda la iglesia como una sola unidad en ese lugar—existieron juntas una a la par de la otra a principios del cristianismo"[174] Gehring dice lo siguiente:

> La prueba de una pluralidad de iglesias en las casas junto a toda la iglesia en un lugar determinado, nos daría una luz respecto al controversial tema sobre la aclaración respecto a la relación entre las iglesias individuales y toda la iglesia local, y entre la iglesia local y la iglesia universal.[175]

En otras palabras, los creyentes individuales y las iglesias en las casa se consideraban a sí mismos parte de una iglesia más grande que abarcaba toda la ciudad.

Nosotros también notamos la existencia de ambas predicaciones públicas así como también el ministerio de casa-en-casa. Por ejemplo, en algunos tiempos toda la iglesia se reunía en lugares no identificados para realizar el ministerio público. En Hechos 15:4, Lucas escribe: "Al llegar a Jerusalén, fueron muy bien recibidos tanto por la iglesia como por los apóstoles y los ancianos, a quienes informaron de todo lo que Dios había hecho por medio de ellos."

Posteriormente en Hechos 15:22, leemos: "Entonces los apóstoles y los ancianos, de común acuerdo con toda la iglesia, decidieron escoger a algunos de ellos y enviarlos a Antioquía con Pablo y Bernabé." Las iglesias en las casas individuales estaban vinculadas por el liderazgo que ocasionalmente reunía a todas las iglesias en las casas."

Por ejemplo, el propio liderazgo de Pablo, era crucial para vincular entre sí a las iglesias en las casas. Vemos a Pablo y a Silas en Hechos 16:4 viajando de pueblo en pueblo, entregando las

---

174 Gehring, p. 25.
175 Gehring, p. 26.

noticias sobre las decisiones alcanzadas por los apóstoles y los ancianos en Jerusalén. No estamos seguros dónde exactamente sostenían estas discusiones, pero sí podemos ver la conexión de liderazgo dentro de la red de las iglesias en las casas. Ken Giles, al escribir sobre este vínculo de liderazgo dice:

A menudo se supone que en la era del Nuevo Testamento no existían estructuras institucionales que vincularan a congregaciones individuales o iglesias locales con la comunidad cristiana más extensa, pero esto no es cierto. Las formas institucionales que se necesitaban y que eran las propias para este período comenzaron a aparecer muy temprano. En el libro de los Hechos Lucas sostiene que un grupo de ancianos con la supervisión general de la comunidad cristiana de Jerusalén estaba ya en su lugar para cuando se estableció la iglesia en Antioquía.[176]

Anteriormente mencioné el pasaje de Hechos 15 como ejemplo de este vínculo de liderazgo, pero Pablo habla de algo similar en 1 Timoteo 4:14: "Ejercita el don que recibiste mediante profecía, cuando los ancianos te impusieron las manos."

En la iglesia de Jerusalén, esas asociaciones de liderazgo fueron especialmente claras pues leemos: "Y día tras día, en el templo y de casa en casa, no dejaban de enseñar y anunciar las buenas nuevas de que Jesús es el Mesías" (Hechos 5:42). En la iglesia de Jerusalén, el liderazgo apostólico reunía a todas las muchas iglesias de las casas.

Estas reuniones de toda la iglesia también pueden ser apreciadas en Hechos 21:5. Pablo está regresando a la iglesia en Jerusalén después de hacer su viaje misionero a los gentiles, y

176 Giles, 1995, p. 188.

las Escrituras dicen: "Pero al cabo de algunos días, partimos y continuamos nuestro viaje. Todos los discípulos, incluso las mujeres y los niños, nos acompañaron hasta las afueras de la ciudad, y allí en la playa nos arrodillamos y oramos." Dado que la iglesia primitiva no tenía edificios permanentes o lugares de reunión específicos, ellos utilizaron una variedad de lugares de reunión para las asambleas más grandes, y en esta ocasión en particular ellos se reunieron en la playa. No tenemos un conocimiento específico de todos los lugares públicos en la antigüedad, pero sí sabemos que existían las reuniones públicas (Hechos 20:20). A lo largo de este libro, hemos aprendido que el lugar principal de reunión era la casa. Las reuniones públicas, por lo tanto, parece que eran aquellas en las que se reunían varias iglesias de las casas, en cualquier lugar que estuviera disponible. Sí sabemos de algunos de estos lugares públicos.

Pablo utilizó el lugar donde enseñaba Tirano en Corinto; la escritura dice lo siguiente: "Así que Pablo se alejó de ellos y formó un grupo aparte con los discípulos; y a diario debatía en la escuela de Tirano" (Hechos 19:9). Algunas veces toda la iglesia se reunía en los hogares más grandes, como lo fue el caso del aposento alto donde los discípulos se reunieron en preparación para que el Espíritu descendiera (Hechos 1:12; 2:1).

En Roma Pablo manda saludos de parte de "toda la iglesia" a la cual él había reunido. Romanos 16:23 dice: "Saludos de parte de Gayo, de cuya hospitalidad disfrutamos yo y toda la iglesia de este lugar." Pablo aquí hace referencia sobre toda la iglesia reunida en un hogar muy grande, pero el punto es que varias iglesias de las casas sí se juntaban para la reunión de celebración.[177]

---

177 Robert and Julia Banks, 1986, p. 40.

IGLESIAS EN LAS CASAS REUNIDAS EN UNA REUNIÓN MÁS GRANDE

No tenemos mayor información sobre las reuniones de celebración más grandes que se realizaban en todos los lugares de la región mediterránea. Sin embargo, sí sabemos que las iglesias en las casas individuales realizaban celebraciones juntas en Jerusalén y en Corinto.

En Jerusalén la iglesia primitiva se reunía en las casas para participar de la Cena del Señor y tener koinonia, pero luego esas mismas iglesias en las casas se reunían en el templo para escuchar las enseñanzas de los apóstoles. Hechos 2:46-47 dice: "No dejaban de reunirse en el templo ni un solo día. De casa en casa partían el pan y compartían la comida con alegría y generosidad, alabando a Dios y disfrutando de la estimación general del pueblo. Y cada día el Señor añadía al grupo los que iban siendo salvos." Vemos acá, ambos tipos de reuniones, la de las iglesias en las casas como también las de esas iglesias en las casas que se juntaban para escuchar las enseñanzas de los apóstoles. Gehring escribe:

De nuestro texto podemos inferir que la iglesia primitiva se reunía para dos tipos de servicios de adoración, los cuales pueden ser distinguidos uno del otro sobre la base no sólo de su ubicación sino también por cómo era su arreglo organizacional. El mayor énfasis en la casa estaba en partir el pan. Los primeros cristianos sin duda participaron en las oraciones del templo que se llevaban a cabo en los patios del templo, y de allí pasaban al salón de Salomón donde se reunía toda la congregación, donde enfatizaban sobre la proclamación misionera y la instrucción bíblica.[178]

La vida en comunidad de la iglesia de Jerusalén era realzada por ambos, tanto por el grupo pequeño como por la experiencia del grupo grande. Ellos disfrutaban de la comunidad íntima de la Cena del Señor celebrada en los hogares, pero recibían una enseñanza más sólida en las reuniones más grandes. Al escribir sobre la iglesia en Jerusalén, Gerhard Lohfink dice lo siguiente:

Los creyentes son una sola asamblea aunque su lugar para reunirse cambie. Ellos se reunían en el templo para alabar a Dios públicamente. Esto demuestra su afirmación de ser el Israel escatológico. Pero ellos también se reunían en casas privadas para celebrar la Cena del Señor. Una vez más se enfatiza la unanimidad de su asamblea.[179]

David Shenk e Irvin Stutzman hablan más sobre la actividad de la iglesia primitiva:

Las primeras congregaciones fueron iglesias en las casas, las cuales se reunían en pequeños grupos a lo largo de toda el área metropolitana de Jerusalén. Debido que la mayoría de hogares en el área de Jerusalén eran pequeños, podemos suponer que de diez a veinte personas se reunían en estos grupos celulares de comunión. Probablemente 100-200 de estas pequeñas congregaciones, que se reunían en las salas a lo largo de toda el área de Jerusalén, se formaron a pocos días del día de Pentecostés. Sin embargo nunca funcionaron

178 Gehring, pp. 81-82.
179 Lohfink, p. 224.

independientemente unas de las otras. Estos grupos celulares de hogar formaron otros grupos que comprendían la iglesia en Jerusalén, una congregación que por un tiempo se reunió en los alrededores del templo para realizar eventos de celebración.[180]

Tal como ya lo vimos el tamaño de las casas difería, y en realidad no sabemos cuántas iglesias en las casas existían en el área de Jerusalén. Solamente sabemos que se reunían bajo el liderazgo de los apóstoles para escuchar sus enseñanzas y para celebrar al Cristo resucitado, tal como lo menciona Hechos 5:42. De manera similar, en Hechos 5:12 notamos que: "Por medio de los apóstoles ocurrían muchas señales y prodigios entre el pueblo; y todos los creyentes se reunían de común acuerdo en el Pórtico de Salomón." El pórtico de Salomón era básicamente un portal o terraza afuera de la entrada Este del Templo de Jerusalén que podía alojar a un gran número de personas.

El segundo claro ejemplo lo encontramos en Corinto. Pablo dice: "Así que, si toda la iglesia se reúne y todos hablan en lenguas, y entran algunos que no entienden o no creen, ¿no dirán que ustedes están locos?" (1 Corintios 14:23). Pablo al hablar sobre toda la iglesia cuando estaba reunida, da a entender que en otros momentos los cristianos en Corinto se reunían por separado en pequeñas iglesias en las casas. No obstante, ambas eran consideradas la *iglesia*. Arthur G. Patzia escribe:

Todo esto ilustra que "la iglesia de Dios que está en Corinto" (1 Corintios 1:2) y "toda la iglesia" *(holes tes ekklesias)* mencionada en Romanos 16:23 consistía de varias iglesias

---

180 David W. Shenk y Ervin R. Stutzman, *Creating Communities of the Kingdom: New Testament Models of Church Planting* (Creando Comunidades del Reino: Modelos del Nuevo Testamento de Plantación de Iglesias) (Scottdale, PA: Editorial Herald, 1988), p. 92.

locales, cada una algo diferente de la otra debido a su mezcla de etnias, y a los aspectos sociales y económicos de las personas. La referencia de Pablo a "la iglesia de Corinto" (1 Corintios 1:2) y a los creyentes reuniéndose "como iglesia" (1 Corintios 11:18), junto a la implicación *que Gayo esta fungiendo como anfitrión de toda* (holes) la iglesia (Romanos 16:23), sugiere que habían ocasiones en Corinto cuando todos los creyentes se reunían. Con el tiempo, estas cartas fueron compartidas con otras iglesias de la ciudad y leídas en sus servicios de adoración antes que un redactor las recogiera y las editara en su formato actual, 1 y 2 de Corintios.[181]

Gehring se imagina las reuniones de los grupos pequeños por separado, para enfocarse en la Cena del Señor y luego para reunirse nuevamente para escuchar la predicación de la palabra. Esto es bastante parecido con lo que ocurrió en la iglesia de Jerusalén.[182] En su libro *The Theology of Paul the Apostle* (La Teología del Apóstol Pablo), James Dunn toma nota de la iglesia grande/ énfasis en la iglesia pequeña de Corinto, cuando escribe:

Pablo podía hablar tanto de toda la congregación reunida en un lugar como "iglesia", así como también de los grupos individuales en las casas dentro de esa congregación, como "iglesia" (1 Corintios 1:1;. 16:19). No se veía como si un grupo menoscabara el estado del otro. Donde sea que se reunieran los creyentes, eran "la iglesia de Dios." La implicación de 1 Corintios 16:19 junto con 1 Corintios 14:23 (refiriéndose a toda la iglesia reunida) es probablemente que las reuniones de la iglesia consistían en reuniones de

181 Patzia, p. 192.
182 Gehring, p. 172.

grupos de hogares pequeños más habituales intercaladas con reuniones menos frecuentes de "toda la iglesia" (¿semanal, mensual?).[183]

Dunn hace una especulación acerca de más reuniones regulares de la iglesia en la casa intercaladas con reuniones de celebración menos frecuentes. Esto pareciera una conclusión lógica porque las reuniones más pequeñas en las casas debieron haber sido más viables y prácticas. Reunirse en grupos más grandes en lugares públicos debe haber sido más difícil logísticamente hablando—y algunas veces hasta peligroso.

A pesar que la iglesia primitiva en Jerusalén se *reunía diariamente* en asambleas públicas, al menos por un tiempo, es improbable que esta práctica haya continuado. Todo lo que podemos decir con exactitud es que el formato de grupo pequeño y de grande, ambos existieron en Jerusalén y en Corinto.[184]

¿Qué hay de las iglesias en las casas en otras partes del mundo Mediterráneo? ¿Qué tan a menudo se reunían en las casas y en otras reuniones combinadas? Ya vimos el saludo de Pablo a toda la iglesia en Roma. Es muy probable que Pablo haya reunido a toda la iglesia, en una de las iglesias en las casas más grande, y

---

183 James D.G. Dunn, *The Theology of Paul the Apostle* (La Teología del Apóstol Pablo) (Grand Rapids, MI: Eerdmans, 1998), p. 541.

184 Rad Zdero escribe, "La iglesia en Jerusalén lo utilizó [el templo] para eventos de grupos grandes como un suplemento de las reuniones de grupos en los hogares. Primero, los creyentes frecuentaban los patios del templo, posiblemente en masse, a menudo para hacer evangelismo, eventos de sanidad, enseñar, y/u orar. Segundo, las reuniones de los grupos grandes también se daban cuando había un tema controversial que necesitaba ser discutido. Por ejemplo, los creyentes se reunían para discutir el controversial tema de qué hacer con los no-judíos que se estaban convirtiendo. (Rad Zdero, "Apostolic Strategies for Growing and Connecting the Early House Churches,"("Estrategias Apóstolicas para Crecimiento y para Conectar las Primeras Iglesias en las Casas") en *Nexus: The World House Church Movement Reader* (Nexo: El Lector del Movimiento de la Iglesia en la Casa Mundial), Pasadena CA: Librería de William Carey, 2007, p. 127)

de manera más periódica, ya que en Romanos 16:23 él usa la misma terminología que utilizó en Corinto: "Saludos de parte de Gayo, de cuya hospitalidad disfrutamos yo y toda la iglesia de este lugar."

En Éfeso, en Hechos 20:20 vemos que el patrón de Pablo era enseñar públicamente y de casa-en-casa. La reunión del grupo más grande también se puede ver en el saludo de Pablo desde todas las iglesias en Asia (1 Corintios 16:19). Como parte del saludo general de Pablo a las iglesias en Asia, él específicamente menciona la iglesia en la casa de Aquila y Priscila, y el particular saludo de ellos a las iglesias. Pablo parece que insinúa que habían otros cristianos en Éfeso que no se reunían en el hogar de Aquila. Esto, junto con la relativamente gran iglesia en Éfeso, sugiere una pluralidad de iglesias en las casas en ese lugar.[185]

F.F. Bruce hace el siguiente comentario: "Tales iglesias en las casas parecen haber sido círculos de comunión más pequeños dentro del círculo de comunión más grande de la ciudad *ecclesia*"[186] Pablo reunía a este grupo más grande para predicarles y enseñarles públicamente, pero también ministraba de casa-en-casa.

Lo mismo se puede decir de la iglesia en Tesalónica. Pablo habla a toda la iglesia en su introducción: "...a la iglesia de los tesalonicenses que está en Dios el Padre y en el Señor Jesucristo" (1 Tesalonicenses 1:1). Así como en el caso de la iglesia en Roma y en Éfeso, podemos suponer que la iglesia en Tesalónica fue dividida para convertirse en iglesias en las casas. Probablemente los grupos en las casas se reunían para eventos de celebraciónes especiales, como cuando Pablo zarpó de Filipos después de la

---

185 Gehring, p. 144.

186 Frederick F. Bruce, *The Epistles to the Ephesians and Colossians* (Las Epístolas a los Efesios y a Colosenses) (Grand Rapids, MI: Eerdmans, 1957), p. 310.

fiesta de los panes sin levadura, y se reunió con otros creyentes en Troas (Hechos 20:6).

Si había quinientos mil creyentes a finales del primer siglo, tal como lo sugiere Robert T. Glover, deben haber habido un sin número de iglesias en las casas. Es muy probable que esas iglesias en las casas se reunieran para servicios de adoración ocasionales tal como lo vimos en los ejemplos de Jerusalén y Corinto.

LOS DIFERENTES USOS DE LA PALABRA "IGLESIA" PARA PABLO

Aunque los cristianos en el Nuevo Testamento usaron *ecclesia* para referirse a la iglesia, el uso normal y secular de la palabra simplemente se refería a una reunión de personas. Por ejemplo, la palabra *ecclesia* es utilizada para una reunión secular en Hechos 19:21-41 cuando los plateros se reunieron para conspirar contra Pablo y la predicación del evangelio. "La asamblea *[ecclesia]* estaba en confusión: algunos gritaban una cosa, otros otra cosa. La mayoría ni sabía por qué estaba allí".

Siempre que se llevaba a cabo una reunión o una asamblea en la cultura griega, a esta se le llamaba *ecclesia*. Los cristianos, por supuesto, le daban un significado especial a esa reunión, pero la raíz del significado es simplemente un "grupo de personas reunido."[187] La iglesia primitiva lo utilizaba para referirse a aquellos unidos por su vínculo común con Cristo. La palabra se convirtió en la afirmación de la especial identidad corporativa de la iglesia. Gerhard Lohfink le añade otro enfoque: "El verdadero origen de *ecclesia* de Dios es el Antiguo Testamento

---

187 Banks, 1995, p. 27.

y las tradiciones judías del habla que derivan de ella. Finalmente, *ecclesia* apunta al pueblo de Dios reunido en el Sinaí."[188]

Los escritores del Nuevo Testamento utilizan la palabra ecclesia para referirse a la iglesia en un área local o en un lugar geográfico más amplio. Ambas, tanto la forma local- singular (Hechos 11:26; 13:1; 14:27; 15:3; 18:22; 20:17), y la forma plural de la palabra (Hechos 15:41; 16:5)son utilizadas para la iglesia.

En otras palabras, *ecclesia* abarca a todos los creyentes viviendo en una gran ciudad (Hechos 11:22; 13:1; 1 Corintios 1:2) así como a la *ecclesia* en el hogar. Alan Richardson escribe: "El significado técnico de *ecclesia* se puede resumir sin referencia al tamaño, ubicación, u organización oficial: "la palabra *ecclesia* hace un llamado a ver a los creyentes en comunidad."[189]

Veamos los tres usos del término con un poco más de profundidad.

Todos los Cristianos en la Tierra

Pablo utiliza la palabra *ecclesia* para referirse a todos los creyentes, o a la iglesia universal. Esto se denota cuando Pablo dice: "No hagan tropezar a nadie, ni a judíos, ni a gentiles ni a la iglesia de Dios" (1 Corintios 10:32). Lo mismo se puede decir de 1 Corintios 12:28 cuando Pablo se dirige a toda la iglesia: "En la iglesia *[ecclesia]* Dios ha puesto, en primer lugar, apóstoles; en segundo lugar, profetas; en tercer lugar, maestros; luego los que hacen milagros; después los que tienen dones para sanar enfermos, los que ayudan a otros, los que administran y los que hablan en diversas lenguas."

188 Lohfink, p. 219.
189 Alan Richardson, s.v. "Church," in *A Theological Word Book of the Bible* ("Iglesia", en Un Libro de Palabras Teológicas de la Biblia) (Nueva York: La Compañía Macmillan, 1960), p. 48; K. L. Schmidt, op. cit., p. 506.

Todos los Cristianos en un Sólo Lugar

Algunas veces Pablo se dirige a toda la iglesia en la ciudad (1 Tesalonicenses 1:1; 2 Tesalonicenses 1:1; 1 Corintios 1:2; 2 Corintios 1:1 and Romanos 16:1). En otros pasajes, Pablo usa la palabra *ecclesia* para referirse a un distrito geográfico más grande, tal como lo es Asia o Galacia (1 Corintios 16:1, 19). Por ejemplo: "Las iglesias de la provincia de Asia" (1 Corintios 16:19) esta es una declaración muy amplia acerca de los creyentes en un distrito mayor. Las "iglesias de Macedonia" (2 Corintios 8:1) eran las comunidades cristianas que existían dentro de la región de Macedonia.

Cuando Pablo usa la expresión iglesia de Dios él tiene en mente, por lo general, las reuniones de cristianos que vivían en un lugar específico. En 1 Corintios 1:1-2 Pablo se dirige a la iglesia de Corinto y les dice "iglesia de Dios en Corinto."

Un Grupo Cristiano Pequeño que Regularmente se Reunía en un Hogar

Pablo también usó la palabra *ecclesia* para referirse a la iglesia en hogares privados. De manera repetida hemos mencionado ejemplos de ésto a lo largo de todo el libro, los cuales los encontramos en:

- Romanos 16:3-5: Saluden a Priscila y Aquila. . . . Saluden igualmente a la iglesia que se reúne en la casa de ellos.
- Filemón 2: a la hermana Apia, a Arquipo nuestro compañero de lucha, y a la iglesia que se reúne en tu casa.

Este es el sentido que Pablo utiliza la mayoría de veces cuando usa la palabra *ecclesia*.[190] Pablo no nos indica que exista ninguna diferencia fundamental entre la iglesia más pequeña en la casa y toda la iglesia de Dios. Dios está de la misma forma presente en toda su plenitud en ambos escenarios.[191] Bill Beckham escribe: "Para ser consistente con la usanza del Nuevo Testamento, la *ecclesia* no puede ser llamada iglesia en un lugar (la expresión del grupo grande) y no ser llamada iglesia en otro (la expresión del grupo pequeño).[192]

Algunos hoy en día ven a la celebración del domingo como la verdadera iglesia, y a los grupos pequeños como algo menos que la verdadera iglesia. A partir de este corto análisis de Pablo del uso de la palabra *ecclesia*, vemos los dos aspectos de la iglesia: como algo que es importante, y como algo que es aún vital. Pero debemos permitirle a las circunstancias locales, a las preferencias de las personas, y a la guianza de Dios, que nos dicten el tamaño, la naturaleza, y la frecuencia de ambas reuniones de grupo, la grande y la pequeña, sin realizar una afirmación dogmática sobre una fórmula.

PÚBLICAMENTE Y DE CASA EN CASA

En el Nuevo Testamento, el ambiente de la iglesia en la casa era el principal foco de crecimiento y discipulado para los primeros creyentes. Con todo, Dios bendijo la reunión de esas iglesias en

---

190 Millard Erickson, *Christian Theology* (Teología Cristiana) (Grand Rapids, MI: Baker Book House, 1998), p. 1043.

191 Gehring, p. 165.

192 Bill Beckham, "Confirming Governing Principles That Will Guide the Second Stage of the Cell Church Network in Brazil," ("Confirmación de principios que deben regir y que guiarán la segunda etapa de la Red de la Iglesia Celular en Brasil") doctoral degree prospectus(prospecto grado doctoral) (San Francisco, CA: Golden Gate Baptist Seminary[San Francisco, CA: Seminario Bautista Golden Gate], 2011), p. 22.

las casas para hacerlas más efectivas. Él desarrolló a líderes llenos de dones para que sirvieran a las Iglesias individuales en las casas y para que las instruyeran públicamente. En ciertos períodos de tiempo, las iglesias en las casas se reunían frecuentemente en un gran servicio de celebración. Sin embargo, parece que la mayoría de veces las iglesias en las casas sólo se reunían ocasionalmente para adorar y para recibir la enseñanza. Ya sea reunida o dispersa, las iglesias primitivas no eran entidades separadas e independientes. Éstas estaban conectadas a una visión de liderazgo apostólico mayor. Cada tipo de reunión se consideraba plenamente la *ecclesia*.

Parte 3

VIDA ECLESIAL HOY

Capítulo Nueve

ECLESIOLOGÍA DE LA IGLESIA CELULAR HOY

En el 2001, mi familia y yo nos mudamos de regreso a los Estados Unidos después de once años sirviendo como misioneros en Ecuador. Mientras trabajaba como pastor misionero en iglesias en Quito, experimenté el crecimiento celular que solamente puede ser descrito como crecimiento explosivo de la iglesia. Invertí mucho tiempo y energía analizando los principios centrales de ese crecimiento, para ayudar a otros a reproducirlo.

Cuando iniciamos nuestra iglesia en el Sur de California, supuse que iba a poder importar esos principios y experimentar el mismo crecimiento explosivo. Sin embargo, ese no fue el caso. El problema no eran los principios, sino cómo esos principios se desarrollaban en las diferentes culturas. El Sur de California es inmensamente diferente al Ecuador, por decir lo menos. Tuve que repensar los principios y trabajar con lo que ellos significaban en la cultura en la que ahora vivo.

Al pasar por el proceso de escribir este libro, he tenido que recordar mi transición cultural de Ecuador al Sur de California. En cierto modo, entrar en el mundo del primer siglo fue una experiencia similar y sorprendente así como lo fue ajustarse a la vida en Ecuador. He descubierto muchas cosas que no esperé encontrar.

Entonces, ¿qué debemos hacer con la evidencia histórica analizada en los capítulos anteriores?

Esta pregunta es especialmente importante porque el mundo Occidental es tan diferente del mundo de la iglesia del primer siglo. Ellos generalmente vivían en casas pequeñas que eran construidas una junto a la otra. Muchos hoy en día viven en hogares privados amurallados con vallas de seguridad. El estilo de vida de ellos estaba centrado en el hogar, el cual incluía el trabajar, comer y jugar. Nosotros manejamos para ir al trabajo. Manejamos para ir a comer fuera. Y manejamos para ir a jugar. El tiempo de relajación que ellos tenían estaba lleno de comida, conversaciones, y tiempo con la familia y vecinos. Nuestro tiempo de relajación está enfocado en la televisión, el internet, y juegos de video.

Así que, ¿cómo ponemos en práctica lo que hemos aprendido acerca de la vida en El Nuevo Testamento? ¿Cómo se aplica ésto a nosotros que vivimos en el Sur de California, o en Rockport, Maine, o Heidelberg Alemania, o Toronto Canadá, u Hong Kong, o Sao Paulo Brasil? ¿Qué tiene que ver esto con nosotros que vivimos y trabajamos aquí y ahora?

TEOLOGÍA BÍBLICA COMO FUNDAMENTO DE LOS GRUPOS CELULARES

> ### Repaso del Capítulo 1:
>
> *La Teología engendra la Metodología. Un fundamento teológico para trabajar en el ministerio celular sostendrá al pastor o a la iglesia a través del tiempo. Algunos fundamentos inestables incluyen el crecimiento de la iglesia, la salud de la iglesia, la revelación espiritual, o seguir la última moda. Los falsos fundamentos incluyen la práctica de descontextualizar las Escrituras o la lectura de la Biblia con prejuicios personales o presuposiciones. Una verdadera teología bíblica requiere la comprensión del contexto bíblico y la cosmovisión de la Escritura antes de aplicarla a la actualidad.*

¿Qué tan sólido es el fundamento para su estrategia de grupo celular? Con esta pregunta le animo a que vaya más allá de simples pensamientos acerca de cómo debe llamar a sus grupos. Puede ser que no le gusten los términos células o iglesia celular. O puede ser que se vea a sí mismo como un comprometido pastor o líder de una iglesia celular, pero eso no significa que su fundamento sea fuerte. También le animo a que profundice más que aquel autor o modelo de iglesia que más ha causado una influencia en usted. Esta no es una pregunta sobre con quién está más de acuerdo o con quién no lo está.

Un fundamento que le sostendrá a través de los altibajos de los grupos celulares no ha de basarse en una teología que usted sostenga. Debe estar basado en una teología que le sostenga a usted. Si está trabajando con grupos celulares porque estos funcionan, o porque su congregación necesita la comunidad, o porque pueden mantener a las personas en la iglesia, su fundamento se vendrá abajo cuando los grupos no estén trabajando bien, cuando surja el conflicto, o cuando la gente esté muy ocupada como para participar.

Incluso las razones cognitivas basadas en la evidencia bíblica compiladas en este libro deben ir más allá de una escalada mental, hasta el punto que se conviertan en parte de las convicciones fundamentales de su corazón, alma y mente. Esa es la clase de visión fundacional que le atrapa y no le suelta. Usted se siente "constreñido" como lo describe el apóstol Pablo en 1 Corintios 9:16.

Es lo que debe hacer, no porque funcione, aunque los grupos funcionan muy bien. No porque hará que su iglesia sea exitosa, aunque los grupos pueden hacer que su iglesia sea más exitosa. No porque tenga que tener el tipo de iglesia correcta, aunque los grupos le pueden ayudar a tenerla. Usted debe seguir este camino porque la visión de hacer vida en común, de rendirse cuentas mutuamente, la hospitalidad, un discipulado más profundo, la vida orgánica de la iglesia en nuestros vecindarios, y el llamado a llevar el evangelio a la vida cotidiana ha sacudido su alma y le ha conmovido desde adentro hacia afuera. Usted ya no puede hacer otra cosa.

El estudio y el conocimiento encontrado en este libro tienen como intensión proveer un convincente fundamento cognitivo para que usted pueda desarrollar sus propias convicciones fundamentales que construyan sus grupos celulares sobre un fundamento fuerte. Pero, usted no puede copiar de este libro o de otro estas convicciones. Usted tiene que articular las convicciones claves que usted y su iglesia utilizarán como el fundamento para los grupos celulares.

A nivel de toda la iglesia, estas convicciones proporcionarán los elementos centrales o fundamentales de la enseñanza y de la formación que establecerá el ministerio celular en su iglesia. Convicciones sobre los temas de la familia, la comunidad, de alcance relacional y hospitalidad. El desarrollo del liderazgo simple debe ser articulado y debe convertirse en una parte normal del lenguaje de su iglesia.

Una forma de hacer esto es resumir los puntos principales de cada capítulo en su propio idioma y compartir esos principios con sus ancianos, líderes de células y con los miembros de la célula. Trabaje con el desafío de hacer de estos temas algo regular en la vida de la iglesia. La manera en que usamos las palabras es importante, y si fallamos en desarrollar un lenguaje que coincida con la estrategia y la estructura de nuestros grupos celulares, nos quedaremos atascados con un lenguaje que se adapta a nuestras problemáticas no relacionadas con las maneras de trabajar en la iglesia.

A nivel del grupo celular, estas convicciones desafiarán a los miembros del grupo a vivir realmente ese llamado a convertirse en una familia. Ellos van a ayudarles a los otros miembros a comprender porqué los grupos celulares se reúnen cada semana, aunque la agitada vida moderna luche contra ésto. Además les enseñará a luchar en medio del conflicto cuando el patrón cultural les indique huir de ello. Y llama a todos a ministrar y a ofrecer sus dones a la comunidad, a sus amigos perdidos y a la familia, aunque hayamos supuesto que sólo aquellos con posiciones espirituales pueden en realidad ministrar tal como Dios quiere.

Tómese algún tiempo para examinar sus propios valores respecto a los grupos celulares. ¿Qué ha escrito respecto a la lógica detrás del ministerio del grupo celular? ¿Qué aparece en su sitio web? ¿Cuáles con las razones para realizar sus capacitaciones? ¿Cómo reflejan sus sermones esos valores? Observe sus convicciones centrales acerca de los grupos. Nómbrelas. Piense en los valores centrales tácitos que se refieran a los grupos, ancianos, el personal y a los voluntarios claves.

Algunas preguntas que se deben hacer:

1. ¿Está basando el ministerio de la iglesia en la teología bíblica o en el razonamiento pragmático?
2. ¿Están siendo basadas sus motivaciones en la palabra de Dios?
3. ¿Está llevando adelante el ministerio celular porque entiende que el discipulado bíblico lo demanda?
4. ¿Se siente energizado por la base bíblica para el ministerio celular?

LA IGLESIA QUE REFLEJA EL CARÁCTER DE DIOS

Repaso del Capítulo 2:

Hay un Dios que existe en tres personas: El Padre, El Hijo, y El Espíritu Santo. Dios vive en comunidad y desea que los seres humanos también vivan en amor y en unidad. Dios creó a la humanidad a su imagen y semejanza, y su imagen es inherentemente relacional. El aislacionismo va en contra de la naturaleza de Dios, y Dios llama a su iglesia a reflejar comunidad. La buena noticia es que Dios está obrando en los creyentes para que sean más relacionales.

¿Qué forma de vida es considerada por la mayoría de las personas como aquella que encarna el éxito? ¿Dinero? ¡Revisado! ¿Libertad? ¡Revisado! ¿Autonomía? ¡Revisado! En mi ministerio he viajado alrededor del mundo capacitando Iglesias. Me he dado cuenta que varias personas comparten una suposición en común con los del Occidente, específicamente en los Estados Unidos, viven vidas muy exitosas.

Alexis de Tocqueville, un sociólogo francés del siglo diecinueve, estudió la manera en que vivían los norteamericanos y atribuía su éxito al "individualismo". Él escribió lo siguiente: "El 'individualismo' es un sentimiento calculado y meditado que dispone a cada ciudadano a aislarse de la masa de sus semejantes y a retirarse del círculo de familiares y amigos."[193] Él también observó lo siguiente:

Mientras crece el individualismo, existen más y más personas, que aunque no sean lo suficientemente ricas o poderosas como para tener control sobre otros, han adquirido o guardado suficiente riqueza y entendimiento para ocuparse de sus propias necesidades. Tales tipos de personas no le deben nada a nadie y casi nunca esperan nada de nadie. Se forman el hábito de pensar sobre sí mismos en aislamiento y se imaginan que ellos sostienen su destino en sus propias manos.[194]

Desde que Tocqueville realizó su estudio, muchos observadores culturales y sociólogos han afirmado estas conclusiones a su manera. El malestar del individualismo es el aire que respiramos y debido a que hay un hambre por el éxito, más y más personas adoptan el individualismo como forma de vida cotidiana.

Tristemente, la iglesia a menudo ha fallado en cuestionar este patrón de vida. De hecho, la motivación principal en muchos círculos protestantes es reforzarlo. Salvación personal, discipulado personal, y el destino personal fueron temas que estuvieron en el centro de muchos sermones que crecí escuchando casi todas las semanas. Supusimos que la relación

193 Citado en Robert N. Bellah, et. al., *Habits of the Heart* (Hábitos del Corazón) (Berkley: Editorial de la Universidad de California, 1996), p. 37.
194 Bellah, p. 37.

del individuo con Dios era lo primero y que el involucramiento en la iglesia tenía como propósito reforzar esa relación personal. La literatura cristiana en muchas ocasiones promueve esta sutil forma de individualismo. Una vez le pedí a un grupo de pastores a quienes estaba supervisando que leyeran *Revolution* (Revolución) de George Barna. No obstante, yo mismo fallé en no leerlo completamente antes de dárselo a los pastores. Más tarde, después de leerlo con mayor cuidado, me di cuenta que Barna estaba animando a los creyentes a formar su propia "iglesia individualizada." Barna escribe sobre creyentes que escogen de una proliferación de opciones que constituyen "la iglesia personal" del individuo.[195] Cuando nos reunimos como grupo de supervisión varias semanas después para estudiar el libro, tuve que disculparme por mi apresurada recomendación de este libro y luego les identifiqué su débil teología.

Esta manera individualista de pensar se ha infiltrado en la forma en que trabajamos con los grupos celulares más de lo que nos damos cuenta. Debido a que entramos en la vida del grupo con una mentalidad individualista, las personas participan en los grupos, mientras reciben un beneficio. Ellos suponen que su crecimiento personal es la prioridad número uno, y fallan en ver cómo Dios está creando un pueblo que juntos reflejan su carácter. Luego, cuando llegan los problemas o el grupo prueba ser menos que beneficioso, ellos pasan a otra cosa, ni siquiera dándose cuenta que una mentalidad de consumo individualista les está alejando del plan de Dios para la vida en comunidad.

195 George Barna, *Revolution* (Revolución) (Wheaton, Illinois: Tyndale House, 2005). Tengo una reseña completa de este libro en http://www.joelcomiskeygroup.com/articles/bookReviews/BarnaRevolution.htm. Barna habla de reemplazar la iglesia local con varios "micro-modelos", opciones que pueden ser: una conferencia de adoración, comunidades de supervisión, grupos de internet, ministerios para-eclesiásticos(p. 66). Y esta es probablemente la frase que representa la joya de la corona para Barna: "iglesia personalizada."

La iglesia está llamada a reflejar el carácter relacional y trino de Dios. El grupo celular es mucho más que una reunión semanal designada para satisfacer la necesidad de un individuo de tener una iglesia personal. Es una manifestación de Dios hoy, ahora—o al menos tiene el potencial para serlo. Es la oportunidad para tener una interacción cara-a-cara con las personas, y es la oportunidad para practicar la comunidad. Aprender a someternos unos a otros y a practicar el servicio humilde con los hermanos y hermanas, lo cual agrada a Dios porque ésta es la manera en que las tres personas de la Trinidad se relacionan entre sí.

El carácter de Dios se revela a través de los líderes que se encuentran en el ministerio del equipo, que están aprendiendo a servir en amor y unidad. Esto confronta y expulsa la mentalidad dictatorial, expresada en algunos modelos de liderazgo de iglesias celulares, donde una persona dirige a través del miedo y del control.

Por esta razón los *unos a los otros* del Nuevo Testamento son tan vitales para la vida de la iglesia.[196] Éstos confrontan directamente el individualismo de nuestra cultura y nos ayudan a reflejar el carácter de Dios. Nos necesitamos los *unos a los otros*. El término en la Biblia para uno al otro es un pronombre recíproco que significa "ministerio mutuo." He creado categorías que hacen del término basado en la Biblia, *uno al otro*, algo más comprensible. Estas categorías generales son las siguientes:

- Enfocarse en otros
- Rendición de cuentas
- Interdependencia
- Vigilancia

---

196 Doy más detalle sobre el tema de los unos a los otros de las Escrituras en mi libro, *Relational Disciple* (Discípulo Relacional) (Moreno Valley, CA: CCS Publishing, 2009).

Enfocarse en Otros

Nosotros de manera natural nos enfocamos en nuestras propias necesidades. Alguien dijo que cuando se tiene quince años, uno se preocupa por lo que otros piensan de uno. Cuando se tiene cuarenta y cinco, a uno no le importa lo que las personas piensan de uno. Cuando se tiene sesenta y cinco, ¡Uno se da cuenta que nadie estaba pensando en uno de todos modos!

La verdad es que pasamos la mayoría de nuestro tiempo pensando en nosotros mismos. El Dios trino desea guiarnos a enfocarnos en otros. Algunos de los *unos a los otros* que encajan en esta categoría incluyen:

Amarse los Unos a los Otros
"Este mandamiento nuevo les doy: que se amen los unos a los otros. Así como yo los he amado, también ustedes deben amarse los unos a los otros. De este modo todos sabrán que son mis discípulos, si se aman los unos a los otros" (Juan 13:34-35).

Servirse los Unos a los Otros
"Pero entre ustedes no debe ser así. Al contrario, el que quiera hacerse grande entre ustedes deberá ser su servidor, y el que quiera ser el primero deberá ser esclavo de todos. Porque ni aún el Hijo del hombre vino para que le sirvan, sino para servir y para dar su vida en rescate por muchos" (Marcos 10:43-45).

Perdonarse los Unos a los Otros
"Así como el Señor los perdonó, perdonen también ustedes" (Colosenses 3:13).

Edificarse Unos a los Otros
"Por lo tanto, esforcémonos por promover todo lo que conduzca a la paz y a la mutua edificación" (Romanos 14:19).

Animarse los Unos a los Otros
"Por eso, anímense y edifíquense unos a otros, tal como lo vienen haciendo" (1 Tesalonicenses 5:11).

Ser Bondadosos Unos a los Otros
"Más bien, sean bondadosos y compasivos unos con otros" (Efesios 4:32).

Ser Afectuosos Unos con los Otros
"Ámense los unos a los otros con amor fraternal" (Romanos 12:10). La palabra afectuoso puede ser traducida "amablemente *afectuoso*." Pablo tenía en mente el afecto familiar.

Rendición de Cuentas

Ninguno de nosotros es un llanero solitario en este viaje en el Reino de Cristo. Por el contrario, somos compañeros de viaje en el mismo camino destinado al cielo. Las Escrituras nos dicen que debemos cuidar el uno del otro y ser responsables por nuestros actos. La iglesia primitiva se rendía cuentas entre sí, y nosotros necesitamos hacer lo mismo hoy.

Instruirse Unos con los Otros
"Let the word of Christ richly dwell within you, with all wisdom teaching and admonishing one another with psalms and hymns and spiritual songs, singing with thankfulness in your hearts to God" (Colossians 3:16, NASV).

Someterse Unos a Otros
"Sométanse unos a otros, por reverencia a Cristo" (Efesios 5:21).

Confesarse los Pecados Unos a Otros
"Por eso, confiésense unos a otros sus pecados, y oren unos por otros, para que sean sanados. La oración del justo es poderosa y eficaz" (Santiago 5:16).

Interdependencia

Nuestra naturaleza pecaminosa tiende a exaltarse a sí misma antes que a los demás. Las Escrituras nos señalan que debemos considerar a los demás como superiores a nosotros mismos. Esta actitud es una actitud sobrenatural pues por naturaleza nacemos egoístas. Pablo dice:

Espero en el Señor Jesús enviarles pronto a Timoteo, para que también yo cobre ánimo al recibir noticias de ustedes. No tengo a nadie más que, como él, se preocupe de veras por el bienestar de ustedes, pues todos los demás buscan sus propios intereses y no los de Jesucristo (Filipenses 2:19-21).

Se necesita un trabajo sobrenatural de gracia actuando en nosotros par ir más allá de nuestro egoísmo y pensar en las necesidades de los demás. Es difícil sobrepasar nuestros propios egos y pensar en realidad en lo que otros están experimentando y por lo que están atravesando. Esto es amor.

Caminar en Humildad Unos con los Otros
"Así mismo, jóvenes, sométanse a los ancianos. Revístanse todos de humildad en su trato mutuo, porque Dios se opone a los orgullosos, pero da gracia a los humildes" (1 Pedro 5:5).

Aceptarse Unos a Otros
"Por tanto, acéptense mutuamente, así como Cristo los aceptó a ustedes para gloria de Dios" (Romanos 15:7).

Vivir en Paz Unos con Otros
"Vivan en paz unos con otros" (1 Tesalonicenses 5:13).

Llevar las cargas Unos con Otros
"Ayúdense unos a otros a llevar sus cargas, y así cumplirán la ley de Cristo" (Gálatas 6:2).

Espérense Unos a los Otros
"Así que, hermanos míos, cuando se reúnan para comer, espérense unos a otros. Si alguno tiene hambre, que coma en su casa, para que las reuniones de ustedes no resulten dignas de condenación" (1 Corintios 11:33-34).

Honrarse Unos a los Otros
"Ámense los unos a los otros con amor fraternal, respetándose y honrándose mutuamente" (Romanos 12:10).

Poner al Servicio de los Demás los Dones
"Cada uno ponga al servicio de los demás el don que haya recibido, administrando fielmente la gracia de Dios en sus diversas formas. El que habla, hágalo como quien expresa las palabras mismas de Dios; el que presta algún servicio, hágalo como quien tiene el poder de Dios. Así Dios será en todo alabado por medio de Jesucristo, a quien sea la gloria y el poder por los siglos de los siglos. Amén" (1 Pedro 4:10-11).

Mostrar Hospitalidad los Unos a los Otros
"Practiquen la hospitalidad entre ustedes sin quejarse" (1 Pedro 4:9).

Vigilancia

La mayoría de versículos que hablan sobre *"los unos a los otros"* son positivos. No obstante las Escrituras también advierten a los creyentes sobre la invasión de la naturaleza pecaminosa. Y esta naturaleza, tal como el diablo mismo, es propensa a matar, robar, y destruir (Juan 10:10). Dios llama a los discípulos relacionales a reflejar su carácter, y ha evitar las tendencias opuestas.

No Mentirse los Unos a los Otros
"Dejen de mentirse unos a otros, ahora que se han quitado el ropaje de la vieja naturaleza con sus vicios" (Colosenses 3:9).

No Pelear los Unos con los Otros
"Y un siervo del Señor no debe andar peleando; más bien, debe ser amable con todos, capaz de enseñar y no propenso a irritarse. Así, humildemente, debe corregir a los adversarios, con la esperanza de que Dios les conceda el arrepentimiento para conocer la verdad, de modo que se despierten y escapen de la trampa en que el diablo los tiene cautivos, sumisos a su voluntad" (2 Timoteo 2:24-26).

No Envidiarnos Unos a Otros
"No dejemos que la vanidad nos lleve a irritarnos y a envidiarnos unos a otros" (Gálatas 5:26).

No Juzgarnos Unos a Otros
"Por tanto, dejemos de juzgarnos unos a otros. Más bien, propónganse no poner tropiezos ni obstáculos al hermano" (Romanos 14:13).

A pesar que vivimos en este mundo, no somos de este mundo. El nuevo orden mundial es radicalmente diferente a este y sigue los patrones de servicio y amor hacia los demás. Las buenas noticias son que Dios desea que seamos conformados a esta naturaleza trinitaria para cumplir con estos versículos de las Escrituras de "los unos a los otros."

Algunas preguntas que debemos hacernos:

1. ¿Cuándo fue la última vez que reflexionó sobre la Trinidad? ¿Cuándo fue la última vez que predicó sobre la naturaleza trina de Dios?
2. ¿Guía la naturaleza trina de Dios la manera en que trabaja en el ministerio?
3. ¿Está creciendo en unidad su iglesia?
4. ¿Están trabajando los miembros de su grupo celular en resolver los conflictos y están creciendo en amor los unos con los otros?
5. ¿Es caracterizado por el amor todo lo que hace como iglesia?

LA IGLESIA COMO UNA FAMILIA: ¿ES ÉSTO POSIBLE HOY EN DÍA?

Repaso del Capítulo 3:

Dios creó a las familias para reflejar su naturaleza trina. Las primeras familias a partir de Génesis, crecieron, se expandieron, y llenaron la tierra. Sin embargo, la nación de Israel a menudo fracasó al mostrar el carácter de Dios, y Dios mandó a su hijo, Jesús, para que estableciera una nueva familia, la iglesia. La imagen de la familia es la principal metáfora para la vida en la iglesia del Nuevo Testamento. Dios forjó a la iglesia, a su nueva familia, en casas para reflejar una relación muy cercana entre "los unos con los otros", donde la hospitalidad y la familia extensiva era una prioridad.

Cuando predicamos sobre temas tales como Dios nuestro Padre, que otros cristianos son como hermanos y hermanas, y que la iglesia es como la familia de Dios, existen al menos dos desafíos para nuestra situación moderna. En primer lugar, para muchos en nuestras iglesias, cualquier referencia a una imagen familiar suscita experiencias negativas. La alta tasa de divorcios, la proliferación de abusos dentro de los sistemas familiares, y el ausentismo que define gran parte de la paternidad hoy en día, establece un escenario para que muchos en nuestras iglesias quieran resistirse a cualquier tipo de experiencia familiar. Ellos no quieren repetir una experiencia de abandono, de incomprensión y de dolor en su pasado.

Es más fácil para las personas abrazar algo que se parezca a un modelo moderno de empresa para los grupos celulares. La gente puede imaginarse a la iglesia como una empresa y a los pastores como directores generales (CEO) que son contratados para crear bienes y servicios de la iglesia. El grupo celular es uno de esos bienes. El Dr. Les Brickman escribe:

De acuerdo a mis observaciones muchas iglesias celulares, independientemente del motivo presentado, crean células a partir de un negocio o paradigma de deportes, en lugar de hacerlo a partir de un paradigma familiar. La intención de Dios desde el principio ha sido que su pueblo exista como una comunidad. Esto refleja la naturaleza misma del Dios trino como Padre, Hijo y Espíritu Santo. Dios, aunque es uno sólo, es una expresión de comunidad. Vivimos nuestras vidas en comunidad como familias, tribus y naciones. Sólo en el contexto de una comunidad viva y dinámica, podemos entender nuestra responsabilidad frente a los demás y la necesidad de rendirnos cuenta entre sí. La iglesia como comunidad se originó en la mente de

Dios. Su actividad le dio origen. Él le ha dado su estructura, su ministerio y su misión.[197]

Las imágenes familiares describen lo que significa ser pueblo de Dios. No podemos evitarlo. Es la metáfora predominante, que no podemos sustituir. No podemos adoptar una manera de trabajar en la iglesia y en los grupos que funcione mejor sólo porque complace las susceptibilidades modernas.

Cuando adoptamos un modelo de empresa, los asistentes saltan de iglesia en iglesia, porque ven a la iglesia como una empresa y piensan que deben conseguir la mejor "oferta," buscando el mejor servicio de adoración disponible en la ciudad. Incluso dentro de una iglesia local, ellos saltan de un grupo celular a otro porque están buscando lo que mejor les siente.

Esto nos lleva al segundo desafío para nuestra época moderna en cuanto a ver a la iglesia como a una familia. Cuando pensamos en una experiencia familiar saludable en el entorno moderno, esta es muy diferente a la que encontramos en la cultura del primer siglo. De hecho, la moderna familia nuclear occidental, compuesta por los padres y los hijos quienes operan de forma independiente a una familia extensa, es única en comparación con casi todas las culturas en la historia de la humanidad.

La imagen de la familia en el Nuevo Testamento connota una gran familia extensiva con un patriarca o un líder de hogar de algún tipo; con tías y tíos, padres e hijos, también sirvientes contratados, sirvientes obligados a trabajar por un tiempo determinado y sus familiares inmediatos. Por supuesto, aquí estoy generalizando. Las familias de las iglesias del primer siglo eran más complejas que esta descripción, y no eran para nada perfectas. Para que las personas en las iglesias contemporáneas

197 Les Brickman, *Preparing the 21st Century Church* (Preparando la Iglesia del Siglo 21) (Fairfax, VA: Editorial Xulon, 2002), p. 133.

puedan experimentar la iglesia como familia, existen algunas cosas que nos pueden ayudar a señalarnos el camino en la dirección correcta.

Enseñe que la Iglesia es como una Familia

Promover la naturaleza familiar de la iglesia en medio de la congregación le ayudará a las personas a comprender por qué se congregan y cómo debe funcionar la iglesia. La imagen de la familia también criticará la idea de la salvación individual separada de la iglesia. Hellerman escribe:

> En la era del Nuevo Testamento una persona no era salva con el sólo propósito de disfrutar de una relación personal con Dios. De hecho, la frase "relación personal con Dios" no se encuentra en ningún lugar de la biblia. De acuerdo al Nuevo Testamento una persona es salvada para tener comunidad. La salvación incluía la membrecía en el grupo de Dios. Somos salvos "en un sólo cuerpo"… cuando obtenemos a este nuevo padre también obtenemos unos nuevos hermanos y hermanas.[198]

Necesitamos enseñar que cada persona recibe la salvación de Cristo de manera individual, pero no debemos fomentar la salvación fuera de la santificación, y la santificación se da en medio de la familia de Dios, la iglesia de Cristo.

A nivel de célula, enseñe a los miembros del grupo de hogar a ser transparentes—a estar dispuestos a ir al hermano, en vez de murmurar. Enséñeles a dar la bienvenida a aquellos que son

---

198 Hellerman, p. 124.

diferentes—por su raza, económicamente, socialmente y por sus diferentes niveles de espiritualidad. Las familias dan la bienvenida a la diversidad.

Debemos enseñar a nuestra gente acerca de las implicaciones que conlleva que la iglesia sea como una familia, la cual es la corriente central que recorre a través de toda la teología que he desarrollado en este libro.

Experimente a la Iglesia como a una Familia

La mayoría de personas necesitan experimentar la iglesia como a una familia antes de comprender lo que la biblia enseña al respecto. La familia es una verdad vivida, no una abstracta. La enseñanza prepara el escenario, pero el aprendizaje real ocurre en los grupos celulares.

Si tus grupos están especialmente débiles en esta área, idea maneras con tus líderes sobre cómo desarrollar esta experiencia orgánicamente. No puede ser instituida de arriba hacia abajo. Identifica algunos grupos que ya están experimentando la verdadera vida familiar o que están experimentando algunos aspectos de la vida familiar. Invítalos a reunirse y a conversar sobre lo que están haciendo. Desarrolla una lista de ideas de cómo se puede expandir la experiencia familiar. Pídeles que sean sinceros sobre lo que la iglesia necesita cambiar para reflejar la imagen bíblica de la familia.

A los nuevos convertidos y los nuevos miembros que han llegado a tu iglesia a través de la reunión grande de adoración, permíteles experimentar las dinámicas familiares cuanto antes. Conéctalos con grupos que experimentan la iglesia como a una familia. Explícales que este es el punto de nuestra vida que compartimos juntos. Si ésto no es lo que ellos quieren, entonces por lo menos sabrán que esta es la filosofía central de su iglesia.

Finalmente, una de las partes más importantes de la experiencia familiar es la manera como los niños son incluidos en la visión de los grupos. En muchos casos, queremos grupos que no incluyan a los niños. De hecho, ni siquiera los vemos como parte de la visión del grupo celular. Ellos forman parte del ministerio de los niños. Sin embargo, la iglesia como una familia significa incluir a grupos multi-generacionales. Nadie ha enseñado sobre ésto de una manera tan efectiva como lo ha hecho Daphne Kirk.[199]

Nombre a alguien de su liderazgo para abordar la interrogante de la inclusión de los niños en la vida de los grupos. Los niños deben ser parte de la conversación cuando se trata de estrategias de grupo y de reuniones de grupos de liderazgo. Al menos, permita que los niños experimenten la vida celular, invitándoles a participar en ciertas partes de la reunión celular. Luego, imparta a los niños una enseñanza por separado que aborde específicamente sus propias necesidades.

Compartir la Iglesia como si fuera una Familia

La iglesia como una familia también significa que damos la bienvenida a aquellos que se encuentran solos y aislados y que no tienen una familia. La nueva familia que Jesús vino a establecer no estaba basada en relaciones de sangre, sino en una nueva realidad espiritual. Jesús abrió las puertas para que todas las personas vinieran a formar parte de la nueva familia. Nosotros hacemos lo mismo.

---

199 Daphne Kirk es una maestra internacional y autora en el tema de grupos celulares inter-generacionales. Dos de sus libros más famosos son: *Reconnecting the Generations* (Reconectando las Generaciones) (Columbia, MO: Editorial Kingsgate, 2001) y *Heirs Together* (Coherederos) (Suffolk, England: Mayhew, 1998).

Una de las principales razones por la que la iglesia creció tan rápidamente fue porque daba la bienvenida dentro de la familia extensiva a los recién llegados, y posteriormente continuaba el proceso de multiplicación para asegurarse que hubiere un espacio para todos dentro de la familia de Dios. La extensión de la iglesia en la casa era el paso natural para alcanzar más personas para Jesús.

Debemos animar a los miembros de la iglesia a alcanzar a las personas que están desesperadamente en necesidad de vivir la comunidad y de tener un lugar al cual pertenecer. Usted puede hacer esto a través de eventos especiales de acercamiento tanto en la célula como en las celebraciones.

Los líderes deben modelar lo que les están solicitando a otros hacer, participando en el ministerio celular y en el evangelismo relacional. Una manera práctica de hacer esto es solicitándoles a los principales líderes que modelen la vida familiar, ya sea dirigiendo un grupo celular o participando en uno. Esto fortalecerá tu énfasis en la familia cuando la iglesia observe a los líderes practicando lo que predican.

Algunas preguntas que se deben hacer:

1. ¿Está actuando su iglesia como una familia? ¿De qué otras maneras puede mejorar en esta área?

2. ¿Está conectándose su iglesia con aquellos que no conocen a Jesús a través de una red de relaciones familiares?

3. ¿Tratan de alcanzar a nuevas personas los miembros de la célula, invitándoles a entrar en su familia celular?

4. ¿Invita usted a las personas tanto en la célula como en la celebración a formar parte de la familia de Dios?

5. ¿Les está ministrando a los niños en la célula y en la celebración?

6. ¿Están sus líderes principales dirigiendo un grupo celular o participando en uno?

EL MINISTERIO DE CRISTO Y LA IGLESIA HOY EN DÍA

Repaso del Capítulo 4:

Jesucristo vino a proclamar el reinado de Dios, su reino. Cristo reunió una comunidad de discípulos para demostrar cómo operaba este nuevo reino. Él eligió el ministerio en los hogares para reflejar la imagen de la nueva familia de Dios. Luego Él envió a sus discípulos en equipos para ministrar en las casas, dándoles instrucciones claras sobre cómo alcanzar a las personas por medio de la estrategia de la casa.

¿Qué haría Jesús? Esta es la pregunta que hace Charles Sheldon en su libro, *In His Steps* (En sus Pasos). ¿Qué haría Jesús hoy si viviera en nuestro vecindario? ¿En su ciudad? ¿Si asistiera a su iglesia?

Pensemos en ésto de otra manera. ¿Cómo dirigiría Jesús, si Él estuviera dirigiendo su iglesia? ¿Predicaría Él? ¿Cómo predicaría? ¿Tendría Él un personal? ¿Cómo dirigiría su personal? ¿Utilizaría la tecnología? ¿Cómo utilizaría esa tecnología?

Existen todo tipo de opiniones acerca de ésto en la iglesia hoy en día. Yo también tengo mis opiniones y algunas buenas razones para apoyarlas. Sin embargo, creo que hoy dejamos de largo los aspectos centrales sobre el liderazgo de la iglesia cuando nos enfocamos en estas interrogantes. Cuando nos enfocamos en las preguntas incorrectas obtenemos respuestas incorrectas.

La pregunta principal es ésta: ¿Cómo traería Jesús el reino de Dios a la vida de hoy en su comunidad? A esta pregunta, estamos bastante seguros que la respuesta es: Él utilizaría el mismo método básico que utilizó hace dos mil años.

Primero, Él realizaría la mayor parte de su ministerio donde las personas viven y trabajan. Él no esperaría que las personas vinieran a Él en un ambiente religioso. No digo que Él desaparecería todos los edificios de las iglesias. Sólo estoy diciendo que Jesús no se sentaría en su oficina durante cuarenta horas cada semana, para trabajar en los negocios de la iglesia. Él estaría afuera con la gente.

En segundo lugar, Jesús no estaría buscando la manera de hacer de la Iglesia una estructura de poder. Jesús vino a proclamar el reino de Dios aquí en la tierra. Mientras los discípulos estaban anhelando el derrocamiento de los gobernantes de la época, Cristo vino a transformar a las personas y a crear una nueva sociedad. Aunque Jesús sanó y realizó muchos milagros como señal del poder de su reino, su objetivo principal era formar una nueva familia, la iglesia. Jesús se concentró en el desarrollo de un pequeño grupo de futuros líderes en lugar de tratar de movilizar a las masas para alcanzar el poder. Si Él estuviera dirigiendo la iglesia hoy en día, Él estaría mentoreando y desarrollando el núcleo de un grupo pequeño y enseñándoles a vivir como parte de la familia de Dios.

Jesús utilizó los hogares como base para su propio ministerio y como una estrategia evangelística. Él se centró en el hogar porque sabía que cuando las familias fueran restauradas a una relación correcta con Dios, su mensaje del evangelio continuaría teniendo un impacto duradero. Jesús no invitaba a las personas a unirse a una gran multitud. Él les invitaba a ser sus discípulos y a formar parte de su nueva familia.

Jesús también instruyó a sus discípulos para que supieran cómo penetrar en los hogares. Les enseñó cómo alcanzar a toda una región a través del establecimiento de una iglesia en una casa. Les pidió que estuvieran a la expectativa de las citas divinas (personas de paz) y que se concentraran en una casa en vez de ir de puerta en puerta. Desde la base de operaciones (la casa), los discípulos podían alcanzar al resto del pueblo o ciudad.

¿Qué significado tiene esto para usted y para su equipo de liderazgo? Permítame darle algunos consejos positivos y otros negativos.

Un comentario positivo: Establezca grupos celulares clave donde la paz de Cristo reine con supremacía. No se mueva demasiado rápido de una casa a otra hasta que se hayan establecido fuertes bases de hogares dónde Dios le llamó a ministrar. No se enfoque en los resultados externos que se ven bien en el papel e impresionan a los demás, pero que se marchitan a largo plazo. Esto le tomará algún tiempo. De hecho, estoy seguro que le tomará más tiempo de lo que se imagina. El ministerio del grupo celular es una estrategia de largo plazo, no una técnica de crecimiento instantáneo.

Un comentario negativo: Evite depender de los edificios o estructuras externas, especialmente cuando esto le requiera incurrir en grandes deudas. En vez de eso enfóquese en que reine Cristo en las vidas de aquellos que conforman su congregación y fundamente su crecimiento en la infraestructura de la célula, la cual luego construirá la calidad y la cantidad que experimentará en su reunión de celebración. Tal como utilizó Cristo en su época los hogares como su fundamento principal de ministerio, nosotros necesitamos establecer grupos celulares tipo familiares que traigan nueva salud y vida a la familia de Dios.

Algunas preguntas por hacer:

1. ¿Es el reino de Dios la norma fundamental en su pensamiento?

2. ¿Cómo ayuda la estrategia de Cristo para instruirle en su propio ministerio?

3. ¿Está animando a los miembros de su iglesia a procurar la sobrenaturalidad, a escuchar a Dios para darle una palabra de parte de Él a otra persona?

4. ¿Está practicando alcanzar a otros por medio de equipos de alcance a través del ministerio celular?

5. ¿Está considerando adquirir una deuda para comprar un edificio para su iglesia?

VOLVIENDO EL LUGAR PRIVADO DEL HOGAR EN UN LUGAR PÚBLICO DE REDENCIÓN

Repaso del capítulo 5:

Dios estableció la iglesia primitiva en el ambiente de una casa y ésta se expandió a lo largo de todo el Imperio Romano. La mayoría de iglesias en las casas tenían unas diez o veinte personas, aunque algunas eran más grandes. Las reuniones en las casas eran flexibles y dinámicas. Ellos celebraban la Cena del Señor como una comida, disfrutaban del compañerismo, se ministraban unos a otros la Palabra del Señor, practicaban la hospitalidad, oraban, adoraban, bautizaban a nuevos creyentes, y evangelizaban.

La genialidad de la estructura de la iglesia en la casa se encontraba en que cambiaba vidas donde las personas vivían y trabajaban. Las personas observaban el cristianismo en vivo. Los primeros discípulos vivían el mandato de Cristo: "De este modo todos sabrán que son mis discípulos, si se aman los unos a los otros" (Juan 13:35). Era natural que el hogar fuera la base de operaciones para la iglesia primitiva. Tal como lo hemos observado, el hogar era el centro de la vida para las personas.

He visto a personas discutir sobre los líderes de la iglesia primitiva diciendo que éstos desarrollaron un plan estratégico para las iglesias en las casas, y que si tan sólo adoptáramos esa estrategia hoy, nosotros también duplicaríamos su crecimiento e impacto. En cierto grado estoy de acuerdo, pero en un grado más profundo, esto es demasiado simplista.

Hoy en día tenemos casas privadas, con vallas de seguridad para mantener a la gente fuera. A menudo tenemos reuniones de grupos pequeños y nadie sabe sobre éstos, excepto otros miembros de otros grupos pequeños. Así que, ¿cómo podemos reducir la brecha entre las reuniones de la iglesia en la casa del primer siglo y las reuniones en los hogares hoy en día?

Una de las principales formas en que podemos imitar el éxito de la iglesia primitiva la encontramos en la práctica de la hospitalidad. El ministerio celular a menudo falla en expandirse debido a la falta de hospitalidad entre los miembros de la iglesia. En vez de ver sus hogares como posesiones de Dios, las personas los ven como sus propios castillos.

La hospitalidad comienza con el liderazgo. Si aquellos que tienen posiciones de liderazgo claves no abren sus hogares, lo más probable es que otros tampoco lo harán. Compartir las comidas con otros líderes, con otros miembros de grupo, y con otros vecinos elevará la experiencia de comunidad en toda la iglesia. Esto también reintegrará el hogar y proporcionará medios prácticos para hacerlo el centro del ministerio.

El hogar no es el único lugar dónde tener un grupo celular—algunos dirigirán grupos en el trabajo, en un restaurante, o en el campus universitario—el hogar es el principal medio para involucrar a las personas donde vivimos y trabajamos. Las personas necesitan ver sus vecindarios y sus lugares de trabajo como campos misioneros, plantando grupos celulares como su principal estrategia.

También podemos aprender de la iglesia primitiva sobre la naturaleza orgánica de la reunión celular. A mí en lo personal me gustan las reuniones celulares estructuradas, pero cada vez más veo la necesidad de enfocarme en la edificación como la meta principal de cada grupo celular. En otras palabras no es el material de la lección lo que hará de una reunión una gran reunión, sino el ministerio que tiene lugar entre los miembros. Sí creo que cada reunión en las casas debe basarse en la palabra de Dios, pero la edificación *(oikodomeo)* debe ser la prioridad.

Si usted es un líder de célula, asegúrese de escuchar más que de hablar, anime a cada persona a participar, y no permita que sólo una persona domine toda la reunión. Los grupos celulares exploran a profundidad las vidas de las personas y se parecen más a las iglesias en las casas del principio, las cuales eran dinámicas, libres, y controladas por el Espíritu de Dios. Recuerde modelar lo que quiera que otros hagan.

Algunas preguntas que se deben hacer:

1. ¿Está practicando la hospitalidad su iglesia? ¿Cómo puede mejorar en esta área?
2. ¿Ve a su iglesia como una comunidad de iglesias en las casas?
3. ¿Es su iglesia orgánica desde su propia perspectiva?
4. ¿Está usted y los miembros de la iglesia viviendo las afirmaciones del evangelio frente a sus vecinos?

EXPANDIÉNDONOS A TRAVÉS DE LAS CONEXIONES

Repaso del Capítulo 6:

El marco cultural de la iglesia primitiva era la estructura oikos. El Oikos se refiere a la familia extensiva de los tiempos del Nuevo Testamento, la cual no sólo incluye los parientes inmediatos, sino también los esclavos, los hombres libres, trabajadores contratados y en ocasiones los inquilinos y socios en el comercio. El evangelio fluyó a lo largo de estas líneas de familia en los tiempos del Nuevo Testamento. Al transformar Jesús a las personas, estas se comportaban de manera diferente dentro de sus relaciones familiares. Los maridos cuidaban de sus esposas, los esclavos eran tratados con dignidad, en las parejas casadas se sometían el uno al otro, y gobernaba el amor. Las personas podían ver los cambios de cerca pues la vida de la ciudad se vivía abiertamente, y muchos se convirtieron en seguidores de Jesús y de su nueva familia.

Las enseñanzas de las Escrituras sobre el *oikos* le ayudan a la iglesia a comprender que las personas ya están agrupadas en relaciones naturales. Estas relaciones tipo-redes incluyen a la familia, amigos, compañeros de trabajo, y a cualquiera con quien tengamos contacto regularmente. Dios utiliza estos vínculos naturales para difundir su mensaje del evangelio.

En vez de confiar en la publicidad o en tener más lugar para el parqueo, la iglesia necesita volver a enfatizar sobre la red natural de las relaciones de cada miembro de la iglesia. Cada miembro debe crecer en su propia red *oikos*, y lo logran cuando oramos por ellos, les servimos, y luego los invitamos a la célula y a la celebración. Ralph Neighbour ha investigado mucho sobre la estructura del oikos de la iglesia primitiva. Bill Beckham, al escribir sobre los estudios de Neighbour, dice lo siguiente:

> El sistema de Neighbour se basa en tres palabras griegas que provienen de la misma raíz: *oikos, oikonomos, oikodomeo.* Tom Wolf, pastor de la Iglesia en Brady, le introdujo el concepto de oikos en el Nuevo Testamento a Neighbour. La enseñanza se ha convertido en algo central para la teología de la Iglesia Celular de Neighbour.[200]

Tal como lo descubrió Neighbour, el concepto del *oikos* tiene implicaciones prácticas para hoy en día. Nos ayuda a recordar que aquellos con quienes interactuamos continuamente forman parte de nuestro *oikos* y pueden ver fácilmente los cambios provocados por el evangelio. Después de ver los cambios en nuestras propias vidas, éstos se encuentras más listos para aceptar el mensaje del evangelio y unirse a la familia de Dios.

Los líderes deben enseñar a los miembros a desarrollar relaciones con las familias y los amigos—esas conexiones naturales de vida. Después que identifiquen quienes serán esas especiales relaciones *oikos,* pídale a sus miembros que oren diariamente por su salvación y porque Dios obre en sus vidas. El próximo paso será servir a esas relaciones *oikos,* bendiciéndolas de palabra y de hecho.

A medida que su iglesia se moviliza para ministrar a lo largo de las líneas del *oikos,* aquellos que vienen a su iglesia o célula ya estarán conectados a amistades ya existentes y será más probable que se queden conectados. El discipulado o el

---

200 Bill Beckham, *The River* (El Rio) (Houston, TX: Touch Glocal, 2010), pp. 51-52.

"follow-up" (Seguimiento) ocurrirá naturalmente debido a las conexiones con el *oikos*. Su iglesia comenzará a desarrollar vínculos orgánicos naturales con las personas, lo cual les mantendrá conectados.

Otro principio de evangelización de iglesia primitiva era aprovechar el entorno urbano para crecer y expandirse. Imagine cómo las células pueden llegar hasta su pueblo o ciudad, desarrollando amistades oikos, satisfaciendo necesidades, orando por las personas, y sobre todo dando la bienvenida a los de esa área, invitándoles a unirse a un grupo celular y a participar en la familia de Dios.

Algunas preguntas que deben hacerse:

1. ¿Está cada miembro de la iglesia celular desarrollando una red de relaciones con no-cristianos?

2. ¿Está orando su iglesia y luego dándole seguimiento a esas amistades *oikos?*

3. ¿Cómo puede mejorar en esta área?

4. ¿Qué está haciendo para comenzar grupos celulares en los centros poblados cercanos de su iglesia?

LIDERAZGO SENCILLO

> **Repaso del Capítulo 7:**
>
> *Los discípulos de Cristo dirigieron la iglesia después de Pentecostés, pero la iglesia primitiva comenzó a depender de los líderes que habían sido desarrollados a través del ministerio de la iglesia en la casa. El liderazgo en la iglesia primitiva era orgánico, carismático, no-jerárquico, basado en el hogar, orientado al equipo, y promovía ambos géneros: masculino y femenino. El Espíritu de Dios a través de sus dones le permitía a cada miembro ministrar. Las mujeres jugaban un rol esencial en el liderazgo del principio, y el enfoque estaba sobre el equipo, en vez de estarlo sobre un líder.*

La iglesia primitiva veía a cada miembro de la iglesia en la casa como un ministro. La ministración a través de los dones del Espíritu fluía de forma natural en el ambiente del hogar, y el desarrollo del liderazgo era sencillo y dinámico. El liderazgo se basaba en los dones que Dios les había dado, en lugar de basarse en la jerarquía.

A medida que la iglesia avanzaba más allá del primer siglo, la creciente autoridad del obispo concentraba cada vez más poder en las manos de figuras de autoridad centralizada, encargadas de grupos cada vez mayores de creyentes.[201] Esto puede ser ilustrado por la forma en que se desarrollaba la Cena del Señor. Los primeros creyentes celebraban la Cena del Señor como una comida, pero ya en el segundo siglo se había convertido en un ritual. Pronto la liturgia realizada por un líder oficial sustituyó

---

201 Osiek y Balch, p. 35.

la vida de comunidad interactiva de aquellos involucrados en las iglesias en las casas.

La iglesia avanzó de ser la reunión de la familia de Dios en los hogares a la religión institucionalizada. La iglesia pasó de la sencillez y creció en complejidad. Los autores de *Home Cell Groups and House Churches* (Grupos Celulares en los Hogares e Iglesias en las Casas, escriben:

Durante generaciones después de los apóstoles, la iglesia continuó siendo el espontáneo testigo laico (pueblo de Dios) en las ciudades y a lo largo de las grandes rutas comerciales del imperio. Sin embargo, algunos cambios ideológicos estaban teniendo lugar los cuales estaban alterando la teología del Nuevo Testamento de la iglesia. La pluralidad y la igualdad de liderazgo fue dando paso a una disposición jerárquica con los obispos convirtiéndose en la figura central, seguido de los presbíteros (quienes más tarde llegaron a ser sacerdotes) y diáconos. Más tarde, se añadieron los roles de exorcistas y acólitos. Parece que después de los apóstoles, los obispos, quienes al principio fueron pastores, asumieron un rol de autoridad así como también de liderazgo. El obispo habría sido pastor de una iglesia en la casa, pero con el tiempo su congregación llegó a ser la principal, y las otras congregaciones que estaban en las casas en una determinada ciudad serían pastoreadas por presbíteros bajo la autoridad del obispo. En una determinada ciudad, sobre todo en la iglesia occidental, sólo un pastor podía ser un obispo.[202]

A medida que pasaban los años, la iglesia se hizo más y más jerárquica. Finalmente, Lutero provocó una ruptura en la

---

estructurada Iglesia Católica y estableció la predicación de la Palabra como el lugar central en la vida de la iglesia. Lutero ayudó a liberar a la iglesia doctrinalmente, pero hizo poco en el campo de la eclesiología. La mayoría de las iglesias no católicas hoy en día salen de La Reforma Protestante. El deber de los clérigos profesionales es predicar la Palabra el domingo y luego pastorear el rebaño durante la semana. Pero al igual que la iglesia primitiva, tenemos que trasladar a las personas de sus asientos del día domingo hacia la participación activa en los grupos celulares y en el desarrollo de habilidades de liderazgo en un entorno natural y dinámico.

Aunque no tengo ningún deseo de criticar a ninguna tradición eclesiástica específica, lo invito a pensar en cómo su liderazgo de la iglesia está estructurado. ¿Cuál ha sido la principal influencia sobre la forma en que opera su estructura de liderazgo? ¿La Biblia? ¿La tradición de la iglesia? He visto iglesias que querían desarrollar la vida orgánica de la familia e incluso entendían cómo hacerlo. Sin embargo, se aferraron a sus tradiciones formales y a las correspondientes normas desarrolladas por una estructura eclesiástica formal. Ellos estaban tratando de mezclar aceite y agua.

Por favor considere estas ideas que le ayudarán a desarrollar un proceso de liderazgo que se ajuste a esta visión de vida sencilla de iglesia familiar.

Piense orgánico. Desarrolle a los líderes desde adentro. Los que dirijan células deben ser aquellos que promueva a posiciones de supervisores o ancianos. Aquellos que hayan dirigido y multiplicado grupos son los que debería elegir para que planten nuevas iglesias o para mandarlos al seminario para que se preparen más.

Piense en los marginados. Algunos de los mejores líderes son aquellos que no se ven para nada como líderes hoy. Ellos no tienen las cualidades que eran las esperadas en los líderes del pasado. En otras palabras, ellos no son llamados al ministerio "profesional". Ellos son los llamados a ser maestros, carpinteros, y mamás. Ellos dirigen al pueblo de Dios por medio de sus vocaciones, no porque se les paga para que lo hagan, sino porque sienten el deseo interno de Dios y la compulsión.

Piense en las mujeres. Permítales a las mujeres participar en el liderazgo celular y en otras posiciones de liderazgo tal como lo hicieron en la iglesia primitiva. No obstaculice el liderazgo femenino. Dios les ha otorgado libremente los dones del Espíritu, justo como también lo ha hecho con los hombres. Su tradición puede ser que no permita esta práctica. Si ese es el caso, entonces usted deberá determinar cómo enfrentará este tema. Esperemos que su iglesia examine las prácticas de la iglesia primitiva, aunque sé que muchas iglesias no estarán de acuerdo con mis conclusiones en este tema.

Piense en el trabajo de equipo. Una de las mejores maneras de empoderar el liderazgo sencillo y orgánico en sus grupos es desarrollando equipos de liderazgo de dos o tres personas en vez de líderes en solitario. Los equipos de líderes son mucho más saludables y bíblicos. Establezca equipos de líderes para sus grupos de células así como también para su equipo pastoral. Por ejemplo, muchos grupos celulares utilizan el término "co-líder" o "asistente de líder", pero al hacerlo ellos mismos se cierran a la posibilidad de tener miembros del equipo adicionales. Por qué no sólo usar el término "miembro del equipo" y luego formar un equipo fuerte de tres a cinco personas.

Piense en equipar. Equipe a las personas para utilizar los dones del Espíritu en los grupos celulares, pidiéndole a cada miembro que identifique su don en el cálido ambiente de hogar. Recuerde que todos los pasajes sobre los dones fueron escritos para las iglesias en las casas, y el mejor lugar para identificar y utilizar los dones del Espíritu es el grupo celular. Aquellos que fielmente y fructíferamente utilicen sus dones en el ambiente celular también podrán hacerlo, si se les solicita, en la reunión de celebración más grande.

Algunas preguntas por hacer:

1. ¿Está desarrollando sus líderes a partir de la estructura celular?
2. ¿Están los supervisores de la iglesia (ej. Ancianos, diáconos) en realidad pastoreando a las personas en el ambiente celular?
3. ¿Está involucrando a las mujeres en el trabajo de la iglesia?
4. ¿Se está enfocando en el ministerio de equipo o está utilizando el enfoque de llanero solitario en el liderazgo?
5. ¿Se sienten animados los miembros por descubrir y utilizar sus dones en el ambiente celular? ¿Cómo podría su iglesia mejorar en esta área?
6. Are the members encouraged to discover and use their gifts in the cell environment? How can your church improve in this area?

REUNIONES DE CELEBRACIÓN

Repaso del Capítulo 8:

La iglesia primitiva se reunía principalmente en iglesias en las casas, pero esas iglesias en esas casas no eran entidades independientes. A veces las iglesias en las casas se reunían regularmente para hacer reuniones más grandes como lo podemos ver en Jerusalén y en Corinto. En otras ocasiones esas reuniones eran menos frecuentes. Los escritores del Nuevo Testamento usaron la palabra ecclesia para referirse a las reuniones de la iglesia en la casa, las reuniones grandes, y la iglesia universal.

La historia nos cuenta que el fundamento de la iglesia primitiva era la estructura de la iglesia en la casa. También podemos ver que las iglesias en las casas estaban conectadas. A veces esas iglesias en las casas se reunían regularmente, como en el caso de la iglesia de Jerusalén y de Corinto. En otras ocasiones, esas iglesias en las casas que estaban conectadas se reunían con menor frecuencia en la reunión más grande. Además de adorar juntos y recibir la enseñanza de los apóstoles, no sabemos con exactitud lo que hacían en esas reuniones más grandes.

La iglesia actual es a menudo desequilibrada hacia dos extremos. Algunas iglesias en las casas independientes no reconocen conexiones más allá de sí mismas, que no es lo que ocurrió en la iglesia primitiva. Por otra parte, la mayoría de las iglesias hoy en día se han hecho desequilibradas en cuanto a la celebración del domingo. Los grupos pequeños son a menudo una técnica programática para que la gente vuelva a los servicios de celebración el domingo, en lugar de estar en el centro mismo del ministerio. Los grupos pequeños a menudo son una técnica programática para mantener a las personas regresando a la celebración del día domingo, en vez de que éstos estén en el corazón del ministerio.

Las iglesias deben determinar si van a ver al grupo celular como la iglesia y la estructura de atención primaria para los miembros, o simplemente como otro programa para que las personas continúen regresando a la reunión dominical. Si la iglesia decide priorizar el ministerio celular, esas células y esos líderes de células necesitan ser equipados, entrenados y atendidos en una estructura celular que incluya la capacitación, supervisión y reunirse para el servicio de celebración.

Si usted es el pastor que dirige toda la iglesia, su rol principal es atender y equipar a los líderes de células quienes a su vez atenderán al resto de la iglesia. Cuando se reúna a las células en una reunión de celebración más grande, vea ese tiempo como una reunión de las iglesias en las casas para celebrar. Mario Vega, el pastor general de Elim, una de las iglesias más grandes en el mundo, escribe:

> No se llevan estadísticas de asistencia a la celebración sino solamente de la asistencia a las células. Para los miembros de Elim, las células son la iglesia. La celebración es eso: celebrar que somos una misma iglesia.[203]

Elim considera las reuniones celulares como el principal lugar del ministerio, pero sin descuidar que se reúnan esos grupos que se encuentran en las casas para escuchar la Palabra de Dios y para adorar al Creador.

---

203 Mario Vega escribió esto en el blog JCG blog el 29 de Marzo de 2012: http://joelcomiskeygroup.com/blog_2/2012/03/29/the-balance-between-the-celebration-and-the-cell/

Cuando se adopta este enfoque, el culto de celebración más grande se convierte en un tiempo para ministrar a los líderes y miembros. La predicación se centra en exponer la Palabra inerrante de Dios para asegurarse que los líderes y los miembros están bien fundamentados en la verdad bíblica. Luego, la enseñanza y la predicación se refuerzan en el entorno de la iglesia en la casa a través de lecciones que se correlacionan con la predicación. Para muchos, esto resultará ser un cambio radical. Algunos incluso podrían pensar respecto al respecto, que se le está reduciendo el valor a los servicios grandes de la iglesia. Yo en realidad les argumento que este enfoque eleva el servicio de celebración ya que las personas no asistirán como espectadores y consumidores espirituales, sino como adoradores y participantes.

Esto tiene implicaciones prácticas en las áreas de los anuncios y la proyección de la visión. Los anuncios deben centrarse en cómo su iglesia está alcanzando a las personas a través de la estrategia familiar de la iglesia en la casa, y en darles a los miembros una visión acerca de lo que la iglesia está haciendo para alcanzar nuevas áreas a través del ministerio de casa-en-casa. La proyección de la visión en estas reuniones de celebración debe orientarse en torno a las células existentes y en vislumbrar nuevos grupos. Si hay visitantes en las reuniones más grandes, trate de conectarlos con los miembros de una célula quienes le darán la bienvenida a una nueva familia.

Algunas preguntas por hacer:

1. ¿Está usted experimentando la sencillez de la iglesia del Nuevo Testamento?
2. ¿Ve usted a las células como a la iglesia?
3. ¿Ve usted el servicio de celebración como la reunión de los grupos de hogar?

4. Como pastor general (o que dirige), ¿tiene usted un equipo de liderazgo conformado por aquellos que están involucrados en el ministerio celular?

5. ¿Está usted involucrado en el ministerio celular?

UN VIAJE HACIA ATRÁS PARA IR HACIA ADELANTE

Dios está llamando hoy a la iglesia a hacer un viaje en retrospectiva para aplicar los valores y las prácticas del ministerio que encontramos en el Nuevo Testamento.

Siempre debemos regresar a las razones por las que hacemos las cosas. Algunas motivaciones parecieran urgentes pero fallan con el paso del tiempo. Los fundamentos bíblicos para el ministerio celular proporcionan la motivación duradera que nos ayudarán a persistir en medio de las temporadas áridas y difíciles. El ministerio celular motivado a partir de una teología bíblica sostendrá, animará y dará una nueva visión a la iglesia a largo plazo.

La Iglesia como familia de Dios es una perspectiva clave de este libro. El carácter familiar de la iglesia de Cristo fluye de la naturaleza trinitaria de Dios y debe influir en todo lo que hacemos y decimos. Las personas se sentirán atraídas por el amor entre los miembros y creerán en Jesús como resultado de ese amor.

Dios también quiere que la iglesia experimente la vida orgánica en la que el liderazgo se desarrolla en una comunidad relacional. Una iglesia orgánica se moviliza en torno a redes de amistades con no-creyentes a través del ministerio celular. La reunión de celebración de la familia es un tiempo de refrigerio y de ajuste.

No todos los capítulos de este libro serán igualmente relevantes para usted. Tal vez su iglesia ya está orientada a la familia y basada en la comunidad. Usted podría incluso llamar a sus grupos células familiares. Tal vez usted necesita trabajar en el alcance orgánico a través del ministerio de los hogares o del desarrollo del liderazgo simple. O tal vez usted está desarrollando líderes con rapidez, pero están fracasando en aplicar los valores del reino de Cristo en sus grupos pequeños. Tal vez este libro le ha mostrado la importancia de la iglesia en la casa. Hasta este punto, sus reuniones de celebración han sido muy importantes. Dios le está mostrando la necesidad de retroceder y reorientar sus prioridades.

Ya sea que usted esté en una iglesia pequeña o grande, una en crecimiento o una estancada, mi oración es que usted sea animado a aplicar los conocimientos de la iglesia del Nuevo Testamento a su situación actual. Mientras lo hace, su iglesia será más bíblica y fructífera y, finalmente, dará gloria al Dios trino.

RECURSOS DE JOEL COMISKEY

Los libros previos en español de Joel Comiskey cubren los siguientes temas:

- Dirigiendo un grupo celular (*Cómo dirigir un grupo celular con éxito*, 2001)
- Cómo multiplicar el grupo celular (*La explosión de los grupos celulares en los hogares*, 1998)
- Cómo prepararse espiritualmente para el ministerio celular (*Una cita con el Rey*, 2002)
- Cómo organizar en forma práctica su sistema de células (*Recoged la cosecha*, 2001, 2011)
- Cómo entrenar futuros líderes de células (*La explosión de la iglesia celular*, 2004)
- Cómo dar mentoría/cuidar de líderes celulares (*Cómo ser un excelente asesor de grupos celulares*, 2003; *Grupos de doce*, 2000; *De doce a tres*, 2002)
- Principios de la segunda iglesia más grande del mundo (*Elim*, 2004).
- Cómo funciona una iglesia celula en Norteamérica (*La Iglesia que se multiplica*, 2007)
- Cómo plantar una iglesia (*Plantando iglesias que se reproducen*, 2010)
- Cinco libros de capacitación (*Vive, Encuentro, Crece, Comparte, Dirige*, 2011)
- Cómo ser un discípulo relacional (*Discípulo Relacional*, 2011)
- Cómo los dones del Esprítu Santo funcionen dentro de una celula. (*El Grupo Celular Lleno del Espíritu*, 2011)
- Cómo distinguir Mitos y Verdadses (*Mitos y Verdades de la Iglesia Celular* 2012)

Se puede conseguir todos los libros listados de
"Joel Comiskey Group" llamando al
1-888-511-9995
por hacer un pedido por Internet en
www.joelcomiskeygroup.com

Como dirigir un grupo celular con éxito: para que las personas quieran regresar

¿Anhela la gente regresar a vuestras reuniones de grupo cada semana? ¿Os divertís y experimentáis gozo durante vuestras reuniones? ¿Participan todos en la discusión y el ministerio? Tú puedes dirigir una buena reunión de célula, una que transforma vidas y es dinámica. La mayoría no se da cuenta que puede crear un ambiente lleno del Señor porque no sabe cómo. Aquí se comparte el secreto. Esta guía te mostrará cómo:

- Prepararte espiritualmente para escuchar a Dios durante la reunión
- Estructurar la reunión para que fluya
- Animar a las personas en el grupo a participar y compartir abiertamente sus vidas
- Compartir tu vida con otros del grupo
- Crear preguntas estimulantes
- Escuchar eficazmente para descubrir lo que pasa en la vida de otros
- Animar y edificar a los demás miembros del grupo
- Abrir el grupo para recibir a los no-cristianos
- Tomar en cuenta los detalles que crean un ambiente acogedor.

Al poner en práctica estas ideas, probadas a través del tiempo, vuestras reuniones de grupo llegarán a ser lo más importante de la semana para los miembros. Van a regresar a casa queriendo más y van a regresar cada semana trayendo a personas nuevas con ellos. 140 páginas.

La explosión de los grupos celulares en los hogares; Cómo su grupo pequeño puede crecer y multiplicarse

Este libro cristaliza las conclusiones del autor en unas 18 áreas de investigación, basadas en un cuestionario meticuloso que dio a líderes de iglesias celulares en ocho países alrededor del mundo—lugares que él personalmente visitó para la investigación. Las notas detalladas al fin del libro ofrecen al estudiante del crecimiento de la iglesia celular una rica mina a seguir explorando. Lo atractivo de este libro es que no sólo resume los resultados de su encuesta en una forma muy convincente sino que sigue analizando, en capítulos separados, muchos de los resultados de una manera práctica. Se espera que un líder de célula en una iglesia, una persona haciendo sus prácticas o un miembro de célula, al completar la lectura de este libro fácil de leer, ponga sus prioridades/valores muy claros y listos para seguirlos. Si eres pastor o líder de un grupo pequeño, ¡deberías devorar este libro! Te animará y te dará pasos prácticos y sencillos para guiar un grupo pequeño en su vida y crecimiento dinámicos. 175 páginas.

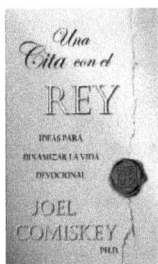

Una cita con el Rey:

Ideas para arrancar tu vida devocional

Con agendas llenas y largas listas de cosas por hacer, muchas veces la gente pone en espera la meta más importante de la vida: construir una relación íntima con Dios. Muchas veces los creyentes quieren seguir esta meta pero no saben como hacerlo. Se sienten frustrados o culpables cuando sus esfuerzos para tener un tiempo devocional personal parecen vacíos y sin fruto. Con un estilo amable y una manera de escribir que da ánimo, Joel Comiskey guía a los lectores sobre cómo tener una cita diaria con el Rey y convertirlo en un tiempo emocionante que tienes ganas de cumplir.

Primero, con instrucciones paso-a-paso de cómo pasar tiempo con Dios e ideas prácticas para experimentarlo con más plenitud, este libro contesta la pregunta, "¿Dónde debo comenzar?". Segundo, destaca los beneficios de pasar tiempo con Dios, incluyendo el gozo, la victoria sobre el pecado y la dirección espiritual. El libro ayudará a los cristianos a hacer la conexión con los recursos de Dios en forma diaria para que, aún en medio de muchos quehaceres, puedan caminar con él en intimidad y abundancia. 175 páginas.

Recoged la cosecha; *Como el sistema de grupos pequeños puede hacer crecer su iglesia*

¿Habéis tratado de tener grupos pequeños y habéis encontrado una barrera? ¿Os habéis preguntado por qué vuestros grupos no producen el fruto prometido? ¿Estáis tratando de hacer que vuestros grupos pequeños sean más efectivos? El Dr. Joel Comiskey, pastor y especialista de iglesias celulares, estudió las iglesias celulares más exitosas del mundo para determinar por qué crecen. La clave: han adoptado principios específicos. En cambio, iglesias que no adoptan estos principios tienen problemas con sus grupos y por eso no crecen. Iglesias celulares tienen éxito no porque tengan grupos pequeños sino porque los apoyan. En este libro descubriréis cómo trabajan estos sistemas. 246 páginas.

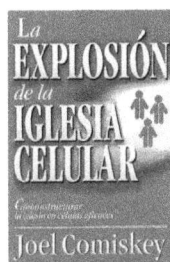

La Explosión de la Iglesia Celular: *Cómo Estructurar la Iglesia en Células Eficaces* (Editorial Clie, 2004)

Este libro se encuentra sólo en español y contiene la investigación de Joel Comiskey de ocho de las iglesias celulares más grandes del mundo, cinco de las cuales están en Latinoamérica. Detalla cómo hacer la transición de una iglesia tradicional a la estructura de una iglesia celular y muchas otras perspicacias, incluyendo cómo mantener la historia de una iglesia celular, cómo organizar vuestra iglesia para que sea una iglesia de oración, los principios más importantes de la iglesia celular, y cómo levantar un ejército de líderes celulares. 236 páginas.

Grupos de doce; *Una manera nueva de movilizar a los líderes y multiplicar los grupos en tu iglesia*
Este libro aclara la confusión del modelo de Grupos de 12. Joel estudió a profundidad la iglesia Misión Carismática Internacional de Bogotá, Colombia y otras iglesias G12 para extraer los principios sencillos que G12 tiene para ofrecer a vuestras iglesias. Este libro también contrasta el modelo G12 con el clásico 5x5 y muestra lo que podéis hacer con este nuevo modelo de ministerio. A través de la investigación en el terreno, el estudio de casos internacionales y la experiencia práctica, Joel Comiskey traza los principios del G12 que vuestra iglesia puede ocupar hoy. 182 páginas.

De doce a tres: *Cómo aplicar los principios G12 a tu iglesia*
El concepto de Grupos de 12 comenzó en Bogotá, Colombia, pero ahora se ha extendido por todo el mundo. Joel Comiskey ha pasado años investigando la estructura G12 y los principios que la sostienen. Este libro se enfoca en la aplicación de los principios en vez de la adopción del modelo entero. Traza los principios y provee una aplicación modificada que Joel llama G12.3. Esta propuesta presenta un modelo que se puede adaptar a diferentes contextos de la iglesia.
La sección final ilustra como implementar el G12.3 en diferentes tipos de iglesias, incluyendo plantaciones de iglesias, iglesias pequeñas, iglesias grandes e iglesias que ya tienen células. 178 paginas.

Explosión de liderazgo; *Multiplicando líderes de células para recoger la cosecha*
Algunos han dicho que grupos celulares son semilleros de líderes. Sin embargo, a veces, aún los mejores grupos celulares tienen escasez de líderes. Esta escasez impide el crecimiento y no se recoge mucho de la cosecha. Joel Comiskey ha descubierto por qué algunas iglesias son mejores que otras en levantar nuevos líderes celulares. Estas iglesias hacen más que orar y esperar nuevos líderes. Tienen una estrategia intencional, un plan para equipar rápidamente a cuantos nuevos líderes les sea posible. En este libro descubriréis los principios basados de estos modelos para que podáis aplicarlos. 202 páginas.

Elim; *Cómo los grupos celulares de Elim penetraron una ciudad entera para Jesús*
Este libro describe como la Iglesia Elim en San Salvador creció de un grupo pequeño a 116.000 personas en 10.000 grupos celulares. Comiskey toma los principios de Elim y los aplica a iglesias en Norteamérica y en todo el mundo. 158 páginas.

Cómo ser un excelente asesor de grupos celulares; Perspicacia práctica para apoyar y dar mentoría a líderes de grupos celulares
La investigación ha comprobado que el factor que más contribuye al éxito de una célula es la calidad de mentoría que se provee a los líderes de grupos celulares. Muchos sirven como entrenadores, pero no entienden plenamente qué deben hacer en este trabajo. Joel Comiskey ha identificado siete hábitos de los grandes mentores de grupos celulares. Éstos incluyen: Animando al líder del grupo celular, Cuidando de los aspectos múltiples de la vida del líder, Desarrollando el líder de célula en varios aspectos del liderazgo, Discerniendo estrategias con el líder celular para crear un plan, Desafiando el líder celular a crecer. En la sección uno, se traza las perspicacias prácticas de cómo desarrollar estos siete hábitos. La sección dos detalla cómo pulir las destrezas del mentor con instrucciones para diagnosticar los problemas de un grupo celular. Este libro te preparará para ser un buen mentor de grupos celulares, uno que asesora, apoya y guía a líderes de grupos celulares hacia un gran ministerio. 139 páginas.

Cinco libros de capacitación

Los cinco libros de capacitación son diseñados a entrenar a un creyente desde su conversión hasta poder liderar su propia célula. Cada uno de estos cinco libros contiene ocho lecciones. Cada lección tiene actividades interactivas que ayuda al creyente reflexionar sobre la lección de una manera personal y práctica.

Vive comienza el entrenamiento con las doctrinas básicas de la fe, incluyendo el baptismo y la santa cena.

Encuentro guíe un creyente a recibir libertad de hábitos pecaminosos. Puede usar este libro uno por un o en un grupo.

Crece explica cómo tener diariamente un tiempo devocional, para conocer a Cristo más íntimamente y crecer en madurez.

Comparte ofrece una visión práctica para ayudar a un creyente comunicar el evangelio con los que no son cristianos. Este libro tiene dos capítulos sobre evangelización a través de la celula.

Dirige prepare a un cristiano a facilitar una célula efectiva. Este libro será bueno para los que forman parte de un equipo de liderazgo en una célula.

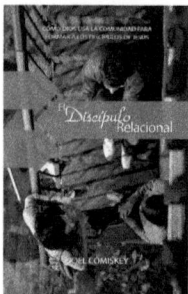

El Discípulo Relacional: *Como Dios Usa La Comunidad para Formar a los Discípulos de Jesús*

Jesús vivió con sus discípulos por tres años enseñándoles lecciones de vida en grupo. Luego de tres años les mandó que "fueran e hicieran lo mismo" (Mateo 28:18-20). Jesús discipuló a sus seguidores por medio de relaciones interpersonales—y espera que nosotros hagamos lo mismo. A lo largo de las Escrituras encontramos abundantes exhortaciones a servirnos unos a otros. Este libro le mostrará cómo hacerlo. La vida de aislamiento de la cultura occidental de hoy crea un deseo por vivir en comunidad y el mundo entero anhela ver discípulos relacionales en acción. Este libro alentará a los seguidores de Cristo a permitir que Dios use las relaciones naturales de la vida: familia, amigos, compañeros de trabajo, células, iglesia y misiones para moldearlos como discípulos relaciones.

El Grupo Celular Lleno del Espíritu: *Haz Que Tu Grupo Experimente Los Dones Espirituales*

El centro de atención de muchos grupos celulares hoy en día ha pasado de ser una transformación dirigida por el Espíritu a ser simplemente un estudio bíblico. Pero utilizar los dones espirituales de todos los miembros del grupo es vital para la eficacia del grupo. Con una perspectiva nacida de la experiencia de más de veinte años en el ministerio de grupos celulares, Joel Comiskey explica cómo tanto los líderes como los participantes pueden ser formados sobrenaturalmente para tratar temas de la vida real. Pon estos principios en práctica y ¡tu grupo celular nunca será el mismo!

Mitos y Verdades de la Iglesia Celular: *Principios Claves que Construyen o Destruyen un Ministerio Celular*

La mayor parte del movimiento de la iglesia celular de hoy en día es dinámico, positivo y aplicable. Como ocurre con la mayoría de los esfuerzos, los errores y las falsas suposiciones también surgen para destruir un movimiento que es en realidad sano. Algunas veces estos falsos conceptos han hecho que la iglesia se extravíe por completo. En otras ocasiones condujeron al pastor y a la iglesia por un callejón sin salida y hacia un ministerio infructuoso. Sin tener en cuenta cómo se generaron los mitos, estos tuvieron un efecto escalofriante en el ministerio de la iglesia. En este libro, Joel Comiskey aborda estos errores y suposiciones falsas, ayudando a pastores y líderes a desenredar las madejas del legalismo que se han escabullido dentro del movimiento de la iglesia celular. Joel luego dirige a los lectores a aplicar principios bíblicos probados a través del tiempo, los cuales los conducirán hacia un ministerio celular fructífero.

ÍNDICE

www.ingramcontent.com/pod-product-compliance
Lightning Source LLC
LaVergne TN
LVHW041332080426
835512LV00006B/420